もう悩まない！
葬儀・仏事・お墓
ズバリ！解決アンサー

［大野屋テレホンセンター］

二見書房

変わりつつある仏事の疑問やお悩みにていねいにお答えします

この五年、十年で、仏事に関するさまざまなことが大きく変わってきています。日本の伝統的な仏事を知る世代はすでに八十歳を超え、世代交代の波が進んでいるのです。

かつては三世代がともに暮らす家が一般的でした。親戚付き合いも今よりも濃く、さらに地域との交わりがあり、菩提寺がありました。そうした血縁・地縁に支えられて仏事は成り立っていたのです。

しかし現代は、核家族化が進み、親族との関係も、地域や寺院との付き合いも希薄になりつつあります。

このような背景もあり、現代の私たちの仏事に対する考え方は、少し前とくらべて大きく変化してきていると、日々の電話相談を通じて感じています。仏事の過渡期に突入したと言っても良いでしょう。

例えば、「世間さまに恥ずかしくないお葬式を出したい」「お葬式ぐらいは立派にしてあげたい」という少し前の風潮は薄れ、形式にとらわれず、故人や遺族の思いを形にしたいと望む方がとても多くなりました。家族やごく親しい者だけで行う「家族葬」や、葬儀を一日で済ませる「一日葬」といった新しいスタイルのお葬式が、もはや珍しいものではなくなったのも、その変化の一つです。また、葬儀をされない「火葬式（直葬）」という形式も増えてきています。

日々、皆さまの仏事に関する疑問やお悩みにお答えをしている大野屋テレホンセンターには、年間二万件以上ものお問い合わせが寄せられます。お葬式のマナーや、お墓、仏壇のこと、寺院との付き合い方や、お盆、お彼岸など季節の仏事について……。その内容はさまざまですが、私たちがご質問にお答えをするときに、いつも気を付けていることがあります。

それは、通り一遍の「作法やしきたり」の話だけに終始しないということです。

仏事に対する考え方が変わりつつある今、古くからの作法も大切ですが、それよりも、故人を思う気持ちがいちばん大切なのだと考えるからです。

ですから、例えば、

「喪中ですが、子どもの成人式のお祝いをしてもいいものでしょうか？」

というご相談があったときには、

「本来、喪中は晴れがましいことは慎むべきですが、お子さまの成人式は一生に一度のことです。気持ちよく祝ってさしあげてよろしいのではないでしょうか」

と、回答することがあります。昔の人が聞いたら「非常識」と思われるかもしれません。ですが、私たちは自信をもってそうお答えします。

なぜならご相談された方は、故人さまを決してないがしろにされているわけではなく、むしろ、大切に思うお気持ちがあるからこその、ご相談だと考えるからです。

このように、伝統的な作法やしきたりを踏まえて、お気持ちに沿った回答をし、相談者さまが、その回答に納得をされれば、それが〝現代のやり方〟になっていくのではないでしょうか。

いつの時代も仏事に関するお悩みは尽きませんが、本書をお読みになった方が不安や疑問を解消し、一人でも多くの方が、安心して日々を過ごされることを願っております。

【もくじ】

1 お葬式の種類と特徴

2 通夜・葬儀を執り行う

3 法要を営む

4

お墓・仏壇について

5

仏事のしきたりとマナー

6 通夜・葬儀・法要に参列する

協力――BE-million
ブックデザイン――ヤマシタツトム
イラスト――瀬川尚志

1

お葬式の
種類と特徴

お葬式は四つのプランに大別されます

かつてはお寺を中心として、地域の共同体が支援をする形で行われることの多かったお葬式ですが、近年では、お寺や地域とのつながりが薄れつつあること、また、宗教観の変化や少子高齢化、景気の低迷といった社会の変化を背景に、その形式は多様化しています。

また「終活」という考え方が広まるとともに、自分らしい最期を望む人が増えたことも、多様化の理由の一つではないでしょうか。

遺族の思いやライフスタイル、人間関係や経済状況、故人の生前の遺志など、お見送りの方法を選ぶ基準はさまざまですが、故人とのお別れの時を悔いなく過ごすために、そして、残された者がこの先心穏やかに生きていくために、かけがえのないお葬式を行うことは大切なことなのです。

このように、多様化するお葬式ですが、流れとしては大きく四つの形式に分けられます。

通夜、葬儀・告別式、火葬という流れで進む**一般葬**。その中でも家族や親族、親しい人だけで行う**家族葬**。通夜を行わずに告別式から火葬までを一日で執り行う**一日葬**。そして、通夜、葬儀・告別式などの儀式を行わずに火葬だけで故人を送る**火葬式（直葬）**。

ここでは、それぞれのお葬式の特徴やメリット・デメリットをご紹介します。

一人の故人のお葬式は一度きり。どのようなお見送りの形をとるか、ご家族の話し合いの参考になさってください。

一般葬

「一般葬」とは、通夜と告別式を行う一般的なお葬式のことです。遺族や親族のほか、職場関係者や友人・知人、ご近所の方や趣味のサークルの仲間などにも広く知らせ、参列してもらいます。通常は通夜の翌日に告別式が行われます。

一般葬のメリット

□故人と生前にご縁のあった多くの方が、最後のお別れをする機会を用意できる。

□多くの会葬者から故人の思い出をいろいろとうかがうことができる。

□昔ながらの、いわゆる標準的なスタイルなので多くの人に受け入れられやすい。

□規模が大きくなるにしたがって費用がかかる一方で、香典収入によって費用負担が軽減できる。

一般葬のデメリット

□参列者が多い分、費用が多くかかる。

□参列者の人数の予想が難しい。

□多数の参列者へのあいさつやお葬式の準備が忙しく、ゆっくりと故人を偲ぶことが難しくなることがある。

一般葬の費用の目安

□お葬式の費用は、規模や形式によって異なるが、おおよその目安としては、二〇〇万円前後といわれている。使用する会場や、祭壇、棺のランク、参列者の数などによって、金額は大きく変わる。

一般葬についてのよくある質問と回答

Q 一般葬の場合、お葬式に参列してもらうのはどのくらいの範囲まででしょうか？

A 親、子、兄弟・姉妹、おじ・おば、甥・姪、いとこ、孫など、三親等くらいまでを目安に、生前親しくしていた親族や、友人、知人、会社関係、学校関係など故人の関係者と遺族の関係者、ご近所の方や町内会、自治会などの地域関係者に連絡をします。

Q 一般葬は必ずお坊さんや宗教者を呼ばないといけないものですか？

A 最近は、特定の宗教・宗派による伝統的な作法でお葬式を執り行わず、宗教者による読経や説教のない自由な形式で、故人とのお別れをするお葬式も増えています。ただし、菩提寺がある場合には、そうしたお葬式を行いたい旨を、まずは一度菩提寺にご相談されたほうがよいでしょう。

Q 最後は自宅から送ってあげたいのですが、自宅で一般葬を行うのは大変なことですか？

A 祭壇を置くスペースや、通夜ぶるまいの部屋の確保、弔問客の接待など、遺族の負担が大きいので、よく検討しましょう。またご近所への配慮も必要です。

家族葬

「家族葬」とは、家族や親しい友人を中心とした少人数でのお葬式。最近はこの家族葬を選ぶ方が増えています。小規模ではあっても、通夜から葬儀・告別式、火葬と、基本的な式の流れは一般的なお葬式とほぼ同じです。

家族葬のメリット

□参列者の対応に追われず、故人と親しい人だけで、ゆっくりとお別れの時間を過ごせる。

□一般的なお葬式の形式にとらわれず、思い思いのお葬式を行うことができる。例えば、生前のＤＶＤを流して故人を偲んだり、故人の好きだった音楽※を流して最後のお別れの時を過ごすなど。

□飲食など接待関係の費用を抑えることができる。

家族葬のデメリット

□お葬式に参列し故人とお別れをしたかったという方々の思いを汲み取れないことがある。

□後日、お葬式に参列されなかった方々が自宅に弔問に訪れ、その対応が予想以上に大変な場合がある。

□あとから次々にお香典が届き、個別にお返しを贈るのに手間がかかることがある。

□参列者が少ない分、香典収入も少なくなり、お葬式の費用が賄えないこともある。

家族葬の費用の目安

□一般葬と同様に、使用する会場や、祭壇や棺のランク、参列者の数などによって金額は大きく変わるが、最も多い価格帯としては、一二〇～一五〇万円ほどといわれている。

※ 音楽を流す場合は、事前に葬儀社に、著作権に関する契約について確認しましょう。

家族葬についてのよくある質問と回答

Q 家族葬には、故人の友人を呼ぶことはできないのですか?

A 家族葬の参列者の範囲はご家族のお考えしだいです。「最後の時間は家族だけで過ごしたい」と、親族にも声をかけない方もいらっしゃいますし、「家族ぐるみの付き合いをしていた友人には、いっしょに故人を偲んでもらいたい」という方もいらっしゃいます。

Q 家族葬にすると、お坊さんは呼ばないのですか?

A 家族葬とは参列者の範囲を家族や近い親戚、親しい知人友人に限ったお葬式の方法ですので、通常のお葬式と同じように、お寺さまにお経をあげていただく仏式のお葬式もあれば、神式、キリスト教式、または無宗教で行う場合もあります。菩提寺がある方は、家族葬の場合でもご住職に来ていただいて、仏式で行う方が多いようです。

Q 家族葬を考えています。菩提寺にもそのことをお知らせしておくべきでしょうか?

A 家族葬であっても、菩提寺に必ずしも許可を得る必要はありません。ただし、無断で無宗教式で行った場合、埋葬の際にトラブルになる例もあります。

Q 故人の希望で家族葬にしたいのですが、親族が反対しています……

A しきたりを重んじる方や地域によっては、家族葬は受け入れがたいという場合があります。「故人の遺志」ということを伝え、もう一度お話し合いをなさってはいかがでしょうか。

一日葬

お通夜から告別式まで二日間かけて執り行われる一般葬に対し、お通夜を省略して葬儀、告別式、火葬、仏式であれば初七日法要までを一日で済ませるのが「一日葬」です。高齢で体力的に自信がないといったご遺族が、一日葬を選択する場合があります。

一日葬のメリット

□ご遺族の精神的、身体的な負担を軽減できる。
□通夜の費用がかからないため、経済的な負担を抑えられる。
□お葬式にかかる時間の拘束が少ない。
□遠方から来る参列者にとっては、日帰りという選択肢が増え、宿泊費などの出費を抑えることができる。

一日葬のデメリット

□日中仕事や学校がある場合、故人と最後のお別れができない人が出てくることがある。
□しきたりを重んじる方にとっては、手抜きの形式と思われることがある。
□寺院の了承を得られない場合がある。

一日葬の費用について

□使用する会場※や、祭壇、棺のランクは一般葬や家族葬と同じなので、基本的には通夜ぶるまいにかかる費用のみが、軽減される。

※ 会場の使用料は、一日葬でも二日分かかるケースが多いが、斎場によっては一日分の使用料に設定されているところもある。

Q&A

一日葬についてのよくある質問と回答

Q 通夜を行わない分、僧侶に渡すお布施は半分でいいですか？

A 一日だからといって、僧侶にお渡しするすべての費用が半分になるわけではありません。一般葬の場合、僧侶を呼ぶのはお通夜とお葬式の二回。したがって、お車代や御膳料《おぜんりょう》は二回渡すことになりますが、一日葬は、お車代と御膳料は一回分となります。しかし、「お布施」は減額にはなりません。なぜならお布施は「読経料」ではなく、故人を弔ってもらった感謝の気持ちの表れだからです。葬儀社などに紹介された寺院の場合は、二〜三割減額になることが多いようです。

Q 一日葬にすることは、事前に菩提寺に伝えた方がいいですか？

A はい。菩提寺がある場合は必ず事前に相談をしてください。仏式のお葬式においては、通夜から葬儀・告別式、初七日の流れにそれぞれ意味があります。通夜を省略することが、菩提寺の考えに反してしまうこともあるからです。

Q 一日葬に際し、参列者に対して、何か特別に配慮すべきことはありますか？

A 参列者に対しては連絡をするときに、一日葬で行うこと、通夜は行わないことをはっきりとお伝えすることが大切です。早い段階で一日葬であることとわかっていれば、昼間に行われる葬儀・告別式にも参列しやすくなるため、「通夜に参列するつもりだったのに」というトラブルを防ぐことができます。

火葬式

「火葬式」は、通夜・告別式を行わないお葬式の形式。ごく親しい方で、火葬のみを執り行います。「直葬」ともいいます。故人が高齢で友人もすでに他界している、生後間もなく亡くなったなど、遺族以外の参列者がいないと予想される場合や、できるだけ費用を抑えたいときなどに、火葬式が選ばれます。

火葬式のメリット

□通夜や告別式を行わないため、経済的な負担を抑えることができる。
□香典をいただいた方への香典返しや、手伝っていただいた方へのあいさつ回りなど、お葬式後の対応が最小限で済む。

火葬式のデメリット

□最後のお別れの時間が思った以上にとれないことが多い。
□お葬式に参列できなかったことを悔やまれる方がいる場合がある。
□親族の理解を得られにくいことがある。
□お葬式後に個別の弔問が多く、その対応に追われることがある。

火葬式の費用の目安

□二〇万円前後からプランを用意している葬儀社もあるが、ドライアイスや寝台車など、必要なものがそのプランに含まれていない場合、オプションとして別料金で頼まなければいけないことがある。

火葬式についてのよくある質問と回答

Q　近所の方や故人の友人には、亡くなったことをいつ伝えたらいいのでしょうか？

A　故人とのつながりが深かった方には、亡くなったこと、近親者だけでお送りしたことを、お葬式後、できるだけ早くお伝えしましょう。最後のお別れができなかったことを悔やんでおられるようなら、弔問の機会をつくってさしあげるなどのご配慮も必要かと思います。

Q　菩提寺があっても、火葬式で見送ることはできますか？

A　一般的には、菩提寺のお考えのもとにお葬式を行い、火葬後は菩提寺へ納骨することになります。ご遺族のお考えを菩提寺に事前に伝え、理解を得ておかないと、宗教的儀式を省いたことで、関係を損なう可能性があります。場合によっては、菩提寺への納骨を断られるケースもあります。事前に相談しておくようにしましょう。

Q　火葬式でも僧侶にお経をあげてもらうこともできますか？

A　火葬式でも、火葬炉の前で僧侶に読経していただくことは可能です。お寺とのお付き合いがない場合は、葬儀社に相談してみましょう。

4つの葬儀をくらべてみましょう

4つの葬儀のおもな流れ

一般葬	亡くなった当日		翌日 ※		二日目		
	ご遺体の搬送	ご遺体の安置	納棺	通夜	葬儀・告別式	出棺	火葬・収骨
家族葬	亡くなった当日		翌日		二日目		
	ご遺体の搬送	ご遺体の安置	納棺	通夜	葬儀・告別式	出棺	火葬・収骨
一日葬	亡くなった当日		翌日				
	ご遺体の搬送	ご遺体の安置	納棺	通夜	葬儀・告別式	出棺	火葬・収骨
火葬式	亡くなった当日		翌日				
	ご遺体の搬送	ご遺体の安置	納棺	通夜	葬儀・告別式	出棺	火葬・収骨

※菩提寺の都合、火葬場や葬儀式場の空き状況により、翌日ではなく数日間が空く場合もあります

4つの葬儀の特徴

	費用の目安	メリット	デメリット	向いているのは？
一般葬	200万円前後～	多くの方に囲まれてお見送りができる	参列者の対応に追われてゆっくりと別れの時を過ごしにくい	交友関係の広い方や、故人を盛大に送りたい方
家族葬	150万円前後～	親しい人だけでゆっくり過ごすことができる	葬儀後、弔問客や香典の対応に追われることがある	身内だけでゆっくりと温かく故人を見送りたい方
一日葬	一般葬・家族葬に準ずるが通夜ぶるまいの費用が不要	精神的、身体的負担を抑えられる	お寺や親族の理解を得られないことがある	儀式はきちんと行いたいが、精神的、身体的な負担は抑えたい方
火葬式	20万円前後～	各種手配と参列者の対応を最小限に抑えられる	親族やお寺の理解を得られないことがある	親戚がいない方 費用を抑えたい方

1 お葬式の種類と特徴

仏式以外の葬儀

日本で行なわれている葬儀の約9割が仏式といわれていますが、仏式以外にも、神道やキリスト教の形式で行なわれる葬儀や、宗教にとらわれない形で行なわれる葬儀（自由葬）があります。以下、これらの葬儀について寄せられるご質問を交え、解説をいたします。

キリスト教式

キリスト教式のお葬式では、仏式の通夜にあたる「通夜の集《つど》い」（カトリック）、「前夜式」（プロテスタント）は、通常は身内だけで行います。カトリックとプロテスタントでは、お葬式に対する考え方や、葬儀の進め方が異なります。

Q 故人は信者ではなかったが自分は熱心な信者です。教会での式をお願いできますか？

A キリスト教式のお葬式は、信者でないとできない場合が多いようですが、教会によってもお考えは違います。喪主さまが熱心なクリスチャンであるなら、神父さま、牧師さまにご相談されてみてはいかがでしょうか。

Q 服装についての決まりがあれば教えてください

A

服装は、仏式の場合と同じもの、喪服をお持ちならそちらを着用します。また、地味な色のワンピースやスーツでも大丈夫です。女性の信者は正式には、黒のフロントベール付きの帽子をかぶります。

Q キリスト教式の聖職者へのお礼はどのくらいですか？

A

神父・牧師※へのお礼については決まりがない教会もあるので、聖職者や、教会の事情に詳しい信者の方などにお聞きするのが間違いないかと思います。聖職者へのお礼のほかに、教会の使用料やお花代が別途必要になることもあります。

Q 聖職者へのお礼の表書きを教えてください

A

カトリックなら「御ミサ料」、プロテスタントなら「献金」とします。「御礼」の表書きならどちらにも使用できます。また、蓮《はす》の花の絵が付いている封筒は仏教用なので使用せずに、白い封筒を使ってください。

Q 香典をいただいた場合はどのようにお返しをするのですか？

A

キリスト教式では香典を「御花料」といいます。御花料の返礼品は、カトリックなら死後三十日目に行われる「追悼《ついとう》ミサ」のあとに、プロテスタントなら死後一か月目に行われる「召天《しょうてん》記念日」のあとに贈るのが一般的です。

※ 神父・牧師：神父はカトリックと東方正教会における聖職者。牧師はプロテスタントにおける聖職者

神葬祭

神道の形式によって行われるお葬式を神葬祭《しんそうさい》といいます。仏式のお葬式が故人を極楽浄土へ送るための儀式であるのに対し、神葬祭は故人の霊に家の守護神となってもらうための儀式です。仏式でいう葬儀を「葬場祭《そうじょうさい》」、通夜を「通夜祭《つやさい》」といいます。

Q **初めて神式のお葬式を行います。服装など、特に気を付けることはありますか？**

A 服装につきましては、仏式と同じ喪服で大丈夫ですが、数珠は持ちません。また、「冥福」「供養」「成仏」などの仏教用語は使わないようにします。

Q **お寺に先祖代々のお墓があっても神式のお葬式を行うことはできますか？**

A 寺院にお墓がある方が、神式で葬儀を行った場合、仏教の寺院内にある先祖代々のお墓には入れなくなるかもしれません。ご住職に相談されてみてはいかがでしょうか。

Q **神官へのお礼の表書きと、金額の目安を教えてください**

A 表書きは「御祭祀料」「御礼」とします。氏神様（お付き合いのある神社）がある場合は、神主さんに相談してください。葬儀社の紹介の場合の金額の目安は、斎主と副斎主合わせて三〇万円程度が一般的です。そのほか、仏式の場合と同様に、「御膳料」と「お車代」をご用意ください（59頁参照）。

神式の通夜・葬儀

神棚がある場合は「神棚封じ」をします

神棚、祖霊舎《それいしゃ》に帰幽奉告《きゆうほうこく》をしたら、その扉を閉め、半紙などの白い紙を貼って、神棚、祖霊舎を封じます。忌明けの五十日祭まで、このままにしておきます。

玉串奉奠《たまぐしほうてん》の仕方

①右手で枝元を持ち、左手で下から葉先を支えるように玉串を持つ
②玉串を時計回りに九十度回転し、枝元を手前に持ってくる
③左右の手を持ちかえる
④玉串を時計回りに百八十度回転し、枝元を祭壇に向けて供える
⑤祭壇に向かって二礼二拍手一礼をする。このときの二拍手は、音をたてない「しのび手」で行う

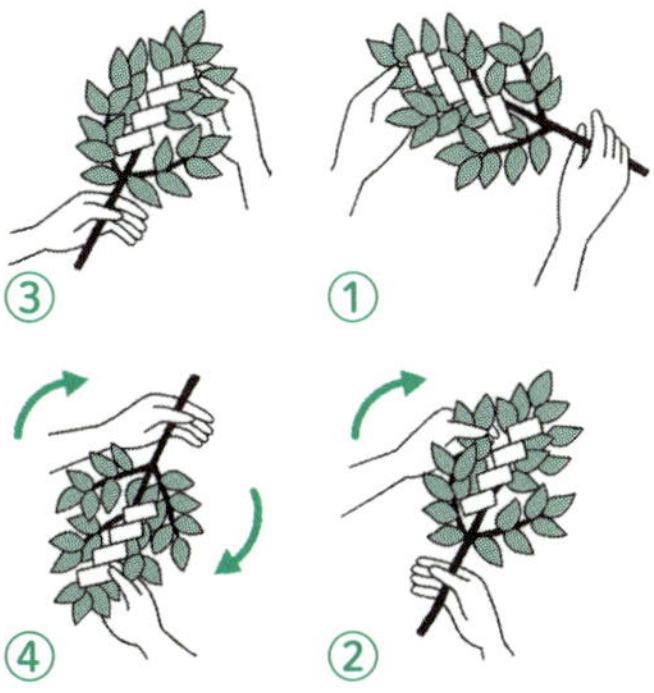

神葬祭の一般的な流れ

帰幽奉告	神棚及び祖霊舎（先祖を祀るための社）に故人の死を報告する
枕直しの儀	故人に白い小袖を着せて、北枕に寝かせる。
納棺の儀	故人を棺に納める儀式
通夜祭	仏式の通夜にあたるもの。斎主が祭詞を奏上し、玉串を奉る
遷霊祭	斎主によって、故人の御霊を霊璽に移す
葬場祭	仏式の葬儀・告別式に当たるもの
火葬祭	火葬場にて行う儀式。斎主が祭詞を奏上し、遺族は玉串を奉る
帰家祭	祭壇に遺骨を安置し、葬場祭が滞りなく終了したことを霊前に報告する
直会	仏式の精進落としにあたるもの
埋葬祭	墓地に遺骨を埋葬する儀式。忌明けの五十日祭で埋葬することが多い

自由葬

決まった宗教をお持ちでない方や、特定の宗教儀礼や作法に縛られず、自由な形式で故人をお見送りする無宗教のお葬式は、自由葬などと呼ばれます。故人が好きだった音楽※をかけたり、生前のビデオを流すなど、故人の人柄が偲ばれる、心に残るお葬式です。

Q お葬式を無宗教で行いたいと思っているのですが、何か気を付けることはありますか？

A もしも菩提寺をお持ちでしたら、まずはご住職にご相談ください。仏式のお葬式を行わないと、お墓に入ることができなくなる場合があります。また、しきたりを重んじる方には、無宗教のお葬式は受け入れられにくいことがありますので、ご親族との話し合いも、じっくりとなさってください。それらの問題が解決したら、故人の遺志やご家族の思いを葬儀社に伝え、よく話し合って決めましょう。

Q 無宗教でのお葬式を考えています。例えば、どのような演出が考えられますか？

A 故人の好きだった音楽※を流したり、参列者全員で歌を歌ったり、生演奏を行うお葬式も見られます。また、生前のＤＶＤやスライド、故人の好きだった映像を流し、参列者の皆さまと思い出を共有しながら故人を偲ぶ会とする方もいらっしゃいます。

※ 音楽を流す場合は、事前に葬儀社に、著作権に関する契約について確認しましょう。

その他のお葬式のスタイル

【市民葬・区民葬】

自治体が葬儀社や斎場と提携し、住民に提供している葬儀プランを「市民葬」「区民葬」などといいます。ただし、全国すべての自治体が行っているわけではないので、お住いの自治体の制度をご確認ください。各自治体にもよりますが、市民葬・区民葬にはあまりプランの選択肢はありません。しかしシンプルですが、その分リーズナブルなのが特徴です。

【密葬】

「密葬」とは、社葬やお別れの会などのセレモニーを行う場合、事前に遺族や親しい方のみで行うお葬式のことです。密葬の際に茶毘《だび》にふすため、後日行われる社葬やお別れの会では「骨葬」となります。

【社葬】

企業の創業者や経営者など、その企業に大きく貢献した人が亡くなったときに、企業が施主となり、企業の経費で執り行われるお葬式を「社葬」といいます。

【合同葬】

「合同葬」は、企業と遺族が合同で主催するお葬式や、複数の企業が共同で執り行うお葬式、また、事故や災害で大勢の方が亡くなったときなどに営まれるお葬式です。

残る家族のために、いまできること

近年、「終活」という言葉をよく耳にします。いつやってくるかわからない人生の終焉《しゅうえん》に向けての事前準備のことです。残された大切な家族のために、今、何ができるのか、考えてみませんか。

【お葬式の生前予約】

生前予約とは、自分自身のお葬式を葬儀社と打ち合わせ、本人や家族の希望に沿ったお葬式を、生前のうちに予約・契約するシステムです。

お葬式のスタイルや規模、費用、支払い方法など、生前予約の内容は葬儀社によってさまざまです。お葬式の費用をあらかじめ金融機関などに預けることで「口座凍結」の問題を解決するプランを用意する葬儀社なども見られます。

【エンディングノート】

誰もが迎える終末期、そして死後に、残された家族がさまざまな手続きを進める際、エンディングノートはとても役立ちます。

・菩提寺のこと
・お葬式のスタイルについて
・訃報を知らせたい人のリスト
・持ち物の処分について
・最後にしてほしいこと。会っておきたい人

など。最近はさまざまなスタイルのエンディングノートが市販されています。ご自分に合ったものを見つけて、エンディングノートづくりを始めてみてはいかがでしょうか。一例ですが「もしものときのエンディングノート」（弊社刊）なども多くの方にご利用頂いております。

2

通夜・葬儀を執り行う

危篤・訃報の連絡は、すみやかに行いましょう

家族が危篤・臨終を告げられたら、最後のお別れをしてもらいたい人に連絡をしなければなりません。家族の死に直面した悲しくつらい状況ですが、この危篤と訃報の連絡は、誰かが必ずしなければならないのです。しかも危篤の連絡ともなれば、一刻を争います。できるだけすみやかに、そして、端的に用件を伝えることが大切です。

故人に友人が多ければ、もっとも親しかった人に取り急ぎ連絡をし、ほかの人への連絡をお願いすると、スムーズにいきわたります。そのとき、近所の友人や学生時代の友人、会社の同僚など、故人が複数のコミュニティに参加していたら、それぞれのコミュニティの代表者に連絡をするとよいでしょう。

危篤・臨終の連絡

Q 危篤や臨終の知らせをする範囲はどのくらいまでですか？

A 危篤の連絡は一般的に、①家族　②三親等以内の近親者　③親しい友人　の順に行いますが、大切なのは本人や相手が会いたいと思っているかどうかです。近親者だからといって、長年疎遠になっている人に連絡をしても、かえって迷惑になることもあります。

Q 危篤や臨終の連絡は、深夜や早朝にしてもいいですか？

A 危篤の連絡は、深夜でも、早朝でも、仕事中でも失礼にはあたりません。とくに一刻を争う状況ですから、どんな時間帯でも電話で連絡をします。ただし、深夜に亡くなった際の臨終の連絡は、翌朝まで待ってから電話を入れたほうがよいでしょう。

Q ご近所や友人関係にはどのタイミングで連絡を入れたらいいのでしょう？

A 訃報はすみやかに伝えた方がよいのですが、故人との関係によっては、通夜、葬儀・告別式の日程が決まってからでも失礼にはあたりません。故人をご自宅で安置するときには、隣近所や町内会、マンションの管理人には早めに連絡を入れるようにします。

Q 何度か電話をしたのですが、つながりません。メールで訃報の連絡をしてもいいですか？

A 危篤の連絡も訃報の連絡も、基本的には電話を使用しますが、つながらないときにはメールやＦＡＸでもかまいません。留守電にいれておいてもよいでしょう。このようなときには、「電話をしましたが、ご不在のようでしたので」と、ひと言添えるようにします。

Q 訃報連絡で伝えるべきことを教えてください。

A 「故人の名前」「連絡者の名前と故人との関係」「亡くなった日」「（詳細が決まっていたら）通夜、葬儀・告別式の日程・会場」。この四点を伝えられれば問題ありません。あらかじめメモに書きだし、手元に置いておくと安心です。

家族の臨終は誰しも気が動転するものです。その状況で危篤や訃報の連絡を行なうのですから、遺族の大変さは察するに余りあります。そんな時の役に立つ連絡文例を用意しましたので、ご参考ください。

親族、友人への連絡文例

【危篤の知らせ（親族へ）】

「○○の息子の△△です。じつは、昨夜から父の容体が悪化しまして、主治医の話では、今日明日とのことです。もしよろしければ、一目会っていただけないでしょうか」

【危篤の知らせ（友人へ）】

「こんな時間に申し訳ありません。○○の長女の△△と申します。じつは、自宅療養中の母が危篤になりました。日頃から××さんの話をよく聞かされていたので、母に一目会ってほしいと思い、連絡をさせていただきました」

【訃報（親族へ）】

「○○の妻の△△です。かねてから入院中だった夫が本日早朝、亡くなりました。取り急ぎ、お知らせすべくお電話いたしました。通夜・葬儀の場所と日時は決まり次第、追ってご連絡いたします。遺体は霊安室に安置しています。ご対面いただけるときは、私の携帯にご連絡ください」

【訃報（友人へ）】

「突然のお電話、申し訳ございません。わたくし、○○の娘の△△と申します。かねてから闘病中であった母○○が、×月×日の深夜に亡くなりました。生前は大変お世話になりました。通夜は明日の午後七時より、告別式は明後日の午前十時より、××斎場にて、神式で行います。ご連絡いただく際は、私の携帯までお願いいたします」

【訃報（故人の勤務先へ）】

「お世話になっております。××課○○の妻の△△です。かねてから入院中の主人が、本日早朝に亡くなりました。生前は大変お世話になりました。通夜は明日の午後七時より、告別式は明後日の午前十時より、××斎場で行います。喪主は私○○□□がつとめます。お手数をおかけしますが、関係者のみなさまにお伝えいただけますでしょうか。ご連絡いただく際は、私の携帯にお願いいたします」

【家族葬で行う場合】

「○○の息子の△△です。突然ですが、昨晩、母○○が亡くなりました。母の遺志により、葬儀は家族葬で行うため、みなさまのご会葬・香典等は、謹んでご辞退申し上げます。どうぞご容赦賜りたく、お願いいたします」

菩提寺への連絡

Q 家族が亡くなりました。お寺にはいつごろ連絡すればいいですか？

A 寺院には、葬儀社の手配と同時期、なるべく早い段階で連絡を入れましょう。菩提寺があるならその寺院に連絡し、葬儀をお願いするのが通常のやり方です。寺院によっては葬儀社を指定することもありますので、事前に確認をしておくとよいでしょう。

Q 家族が亡くなって最初に菩提寺に連絡をする際、何を確認しますか？

A 菩提寺には、「故人の名前」「故人の生年月日」「死亡日時」「享年」「連絡した人の名前と連絡先」を伝え、枕経※（まくらきよう）をお願いします。枕経を行わない場合は、この電話でご住職の予定を聞き、お葬式の詳細を打ち合わせます。戒名のことや、来ていただく僧侶の人数、交通手段なども確認します。枕経を行う場合は、そのときに打ち合わせをするとよいでしょう。

Q 菩提寺以外のお寺に葬儀を頼んでもいいですか？

A 菩提寺以外の寺院で葬儀を行うことは、トラブルの原因となりますので、まずは菩提寺に相談をしましょう。遠方であるなどの理由で、菩提寺に葬儀を頼むのが難しい場合は、同じ宗派の寺院を紹介していただくことになりますが、戒名は菩提寺からいただくのがしきたりです。

Q 決まったお寺がない場合はどうしたらいいのでしょう？

菩提寺がない場合は、葬儀社に頼んで寺院を紹介してもらいます。決まった宗派があれば、それに合わせて紹介をしてくれます。

Q 菩提寺が遠方の場合はどうしたらいいですか？

そのような場合でも、必ず菩提寺に連絡をし、相談をしてください。ご住職の日程があえば、来ていただけることが多いようです。その際は、宿泊先の手配をし、その費用と交通費もあわせて負担することになります。

※枕経とは……人が亡くなってから、まず最初に行う仏教儀式です。自宅で亡くなることの多かった時代には、臨終を迎えつつある方の枕元でお経をあげましたが、現代では、亡くなった方の遺体を安置する際に、僧侶がお経をあげる形に変わってきました。また、枕経を省略するケースも増えていますが、寺院によっては必ず行うようにと言われることもあります。

菩提寺に連絡する際の文例

「お世話になっています。○○の息子の○○です。先ほど、父○○が亡くなりました。ただいま故人とともに、病院より自宅にもどりました。つきましては、ご住職さまに枕経をお願いしたいと思いますが、ご都合はいかがでしょうか」

1 お葬式の種類と特徴
2 通夜・葬儀を執り行う
3 法要を営む
4 お墓・仏壇について
5 仏事のしきたりとマナー
6 通夜・葬儀・法要に参列する

2 通夜・葬儀を執り行う

事前に準備をすることがたくさんあります

遺族は悲しみに暮れながらも、故人を送りだす準備をしなければなりません。葬儀社の手配、ご遺体の搬送、お葬式の詳細や戒名《かいみょう》のこと、喪主や世話役の決定、費用の準備……。もしものときに慌てないよう、少しずつ読んでおいていただきたい部分です。

葬儀社について

Q 葬儀社には、いつ依頼をしたらいいですか？

A 病院で亡くなった場合には、ご臨終のあと、医師から死亡診断書を受け取ります。その後、決まった葬儀社があれば連絡をし、搬送のための車を手配してもらいます。葬儀社が決まっていない場合は、病院でも紹介してもらえます。

Q 取り急ぎ、遺体の搬送だけをお願いしたいのですが……

A 葬儀社は、お迎えの車の手配だけでも引き受けてくれます。最初に依頼するときに、「病院から安置場所である自宅までの移動だけをお願いしたい」と伝えましょう。あとから改めて同じ葬儀社に依頼することもできますし、別の葬儀社に依頼することもできます。

Q 葬儀社を選ぶときのポイントを教えてください

A 大切なのは、希望に合ったお葬式を執り行えるかということです。そのために、細かな疑問点にもていねいに対応してくれるかどうか、説明がわかりやすいか、明朗な価格を提示してくれるかなどが、葬儀社選びで大切な部分です。また、葬儀社の担当者とは今後たびたび顔を合わせることになりますので、その人柄をよく見ておくことも必要です。

Q 複数の葬儀社に、見積もりをお願いして比較することは可能ですか？

A はい。もちろん大丈夫です。その際は、それぞれの葬儀社に同じ要望・同じ条件を提示して比較します。また、内容の詳細を把握するために、総額だけでなく、項目と単価まで出してもらいましょう。

Q 葬儀費用をすぐに用意できません

A 葬儀費用の支払いは、以前は葬儀終了後即日払いが一般的でしたが、近年は、葬儀終了後即日〜一週間ほどとなっていることが多くなりました。それまでに現金を準備するのが難しいときには、葬儀社を選ぶ際に相談してみて下さい。葬儀社によっては支払期限を延長してもらえたり、分割払いに対応してもらえることもあるようです。

知って安心！

著しく生活に困窮し葬儀費用が用意できない場合、「葬祭扶助制度」を利用できることもあります。これは、葬儀を行う方の金銭的負担を少なくするために、自治体（市区町村）より葬儀費用が支給される制度です。申請するには、「葬儀を執り行う施主が生活保護受給者で、生活に困窮している場合」もしくは「故人が生活保護受給者で、遺族以外の方（家主など）が葬儀の手配をする場合」の、いずれかの条件を満たしている必要があります。

Q&A

戒名はどうする？

Q 戒名は絶対に必要なものですか？

A 寺院にお墓をお持ちなら、その寺院に戒名をいただきますが、宗派不問の霊園に埋葬するのでしたら戒名をいただかなくても差し支えありません。今は、無宗教のため生前のお名前（俗名《ぞくみょう》）で葬儀をなさり、そのまま俗名で埋葬をされる方もいらっしゃいます。

Q 戒名はいつまでにもらったらいいですか？

A 生きているうちに「生前戒名」をいただくこともできますが、ほとんどの場合は、亡くなったあとに寺院から戒名をいただき、通夜までに白木の位牌に書いてもらう方が多いようです。

Q 戒名の位はお布施の額で決まるのですか？

A 戒名は、男性であれば「信士《しんじ》」「居士《こじ》」「院信士」「院居士」、女性であれば「信女《しんにょ》」「大姉《だいし》」「院信女」「院大姉」の順に位が高くなるということになっていますが、必ずしもお布施の額で決まるわけではありません。寺院のお考えや、お寺への貢献によって決まるなど、さまざまです。

知って安心!

戒名料は、寺院によっても違い、菩提寺との関係によっても異なります。「相場」というものがないのです。具体的な額を知りたければ、直接寺院に聞いてみても差し支えありません。また、檀家総代や世話役の方に聞いてみるのもよいでしょう。

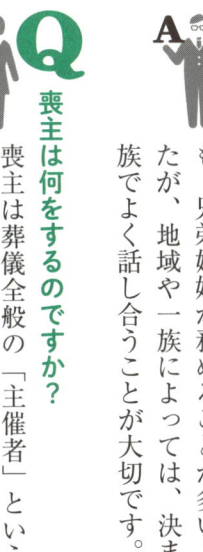

喪主、世話役について

Q 喪主は誰が務めるものですか？

A 特に決まりはありません。一般的には故人ともっとも縁の深い人、例えば、故人の配偶者や親、子ども、兄弟姉妹が務めることが多いようです。現代では、性別にはあまりこだわることはなくなりましたが、地域や一族によっては、決まりごとがある場合があります。喪主を決めるときには、家族・親族でよく話し合うことが大切です。

Q 喪主は何をするのですか？

A 喪主は葬儀全般の「主催者」という立場です。「葬儀の詳細の決定」「僧侶や弔問客の対応」「あいさつ」「お礼」「事務処理」などを行います。年忌法要の段取りも喪主が行います。

Q 世話役を決めたほうがよいのでしょうか？

A 世話役は「喪主のサポート」という立場で、喪主とともに葬儀全般の打ち合わせや進行、受付や会計などの雑務を行います。最近は喪主の仕事を親族で分担するなどして、世話役を決めないケースも増えていますが、雑務の多い大規模な葬儀では、世話役に手伝ってもらう場合が多いようです。

知って安心！

当日必要なお手伝い

「受付」＝香典を受け取り芳名録への記帳案内など　「会計」＝受付係から渡された香典を管理し、喪主に渡す　「会場整理」＝会葬者の誘導・案内　「道案内」＝案内板を持って立ち、会場までの道を案内する　――その他、「駐車場の誘導」や、僧侶や弔問客にお茶を配るなどの「接待係」など

Q&A

会葬御礼を用意する

Q 会葬御礼というのは香典返しのことですか？

A 会葬御礼と香典返しは別物です。
「会葬御礼」は、通夜や葬儀・告別式に訪れてくださった方へのお礼として、礼状と清め[※]の塩を添えてお渡しするものです。
「香典返し」は、香典をいただいた方へのお礼として、通常、四十九日の忌明け以降にお渡しするものです。

Q 会葬礼状には何を書けばいいのでしょうか？

A 会葬、香典、供物などのお礼や、葬儀中の不行き届きのお詫びなどを入れますが、葬儀社の方で用意した定型文を使用することが多いようです。もちろん、ご自身で考えたお礼文でもかまいません。

Q 会葬御礼にはどのようなものを贈りますか？

A 不祝儀のお返しなので、お茶や海苔、洗剤など、なるべくあとに残らない消耗品がよいとされていますが、軽くてかさばらないハンカチやミニタオルなども好まれます。
逆に、重くてかさばるものや、金額がわかる金券などは避けた方がよいでしょう。

※ 清めの塩：仏教では死を穢れとしないため、仏式の葬儀・告別式では本来、清めの塩は不要ですが、昔からの慣習として、会葬御礼といっしょにお渡しするケースが一般的です。

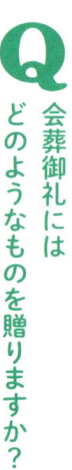

お布施を用意する

Q お布施の金額はどのように決めたらいいですか？　相場は？

A お布施の金額は、寺院との付き合いの深さや戒名の位、寺院の格などによってまちまちで、定価や相場はありません。施主のお気持ちしだいということです。
菩提寺がなく、葬儀社に紹介された寺院で葬儀を行うなら、葬儀社に問い合わせれば金額の目安はわかります。
菩提寺の場合は、直接寺院に聞いたり、檀家総代や世話役の方に聞いてみても差し支えありません。

Q 僧侶が複数来てくれる場合はお布施の金額を増やすのですか？

A 葬儀の規模にもよりますが、複数の僧侶が来てくださる場合でも、お布施の金額はそのままでよろしいかと思います。お渡しするときは、一つの袋で問題ありません。ただ、御膳料とお車代は、それぞれの僧侶にお渡しします。

Q お布施、御膳料、お車代はいつのタイミングで渡すのですか？

A お通夜の前か葬儀が終わったあとに、お布施、御膳料、お車代をいっしょに渡す場合もありますし、御膳料とお車代は、通夜、告別式にその都度、お布施は戒名料とともに後日ごあいさつに伺う際にお渡しする場合もあります。迷ったら葬儀社に尋ねるとよいでしょう。

さまざまな「お礼」の目安と渡すタイミング

渡す人	表書き	内容	金額の目安	渡すタイミング
僧侶	お車代	通夜、葬儀・告別式を斎場などで行った際に、僧侶に出向いてもらったお礼として渡します。 通夜、葬儀・告別式を寺院で行う場合や、僧侶の送迎をする場合は不要になります。	5000～1万円	葬儀が終わってから、もしくはお通夜の前か後に、お布施の袋とは分けて渡します。
	御膳料	僧侶が通夜ぶるまい・精進落としを辞退された場合に渡します。 辞退されない場合は不要です。	5000～1万円	
世話役	御礼／志	遺族や喪主に代わって、お葬式の進行や雑務を取り仕切ってくれた世話役へ渡します。	1～2万円	お葬式終了後、できるだけ早い時期にあいさつに伺い、そのときに渡します。
お手伝い	御礼／志	受付、会計、会場整理、道案内、駐車場係、接待係など、お手伝いをお願いした人に渡します。	3000 ～ 5000円※	お葬式終了後、当日に渡します。

※ 会社関係の人が大勢手伝ってくれたような場合は、人数に合わせた菓子折りや飲み物などでも失礼にはあたりません。

お金についてのよくある質問

Q&A

Q 「口座凍結」とは、何ですか？

A 金融機関が、名義人が亡くなった口座の入出金を停止することを「口座凍結」といいます。口座のお金は故人の財産です。つまり、「相続財産」となるので、たとえ家族であっても勝手に引き出すことはできないのです。
口座が凍結されると、入出金だけでなく、各種引き落としもできなくなります。早めに、引き落とし口座変更の手続きをしましょう。

Q 故人の預貯金が凍結されて、葬儀代が払えないのですが……

A 銀行によっては、必要な資料などをそろえると、一定額の引き出しを認めてもらえる場合があります。一度、銀行に相談されてみてはいかがでしょうか。

Q 僧侶に渡すお布施や御車代などは新札でないといけませんか？

A そのようなことはありません。ある程度きれいなお札なら、問題ありません。

知って安心！

まとまった額が必要になる支払い

- □病院への支払い………入院していた場合は、退院手続きの際に入院費を支払います
- □宗教者へのお礼………お布施、戒名料、その他のお礼（42頁：お車代・御膳料）など
- □葬儀社への支払い……葬儀の内容によって金額は大きく変わります

Q&A

親族の服装

Q 喪主を務めます。服装はどうしたらいいのでしょう?

A 喪主、ご遺族、故人に近い親族は、お通夜から喪服を着用します。喪服には、洋装と和装とがあります。どちらでもかまいませんが、男性はほとんどが洋装です。女性は、和装と洋装、どちらもいらっしゃいます。

Q 遺族ですが、通夜はビジネス用の黒のダークスーツでもいいですか?

A ダークスーツは黒でも少し薄めの黒であったり、青み、赤みが入っていたり、光沢があることがありますが、ブラックスーツは漆黒です。ご遺族はきちんとした服装をもとめられることが多いので、お通夜でもブラックスーツを着用されたほうが無難かと思います。

Q 父のお葬式ですが黒のパンツスーツでもいいですか?

A お色が黒であっても、パンツスーツは年配の方には略式な印象に感じられることもあります。お葬式ではスカートの方がよろしいかと思います。

Q 暑い時期なので、半袖でもかまいませんか?

A 会場の外では半袖で問題ありませんが、式の最中はジャケットを着用しましょう。

遺族・親族の服装

略礼装

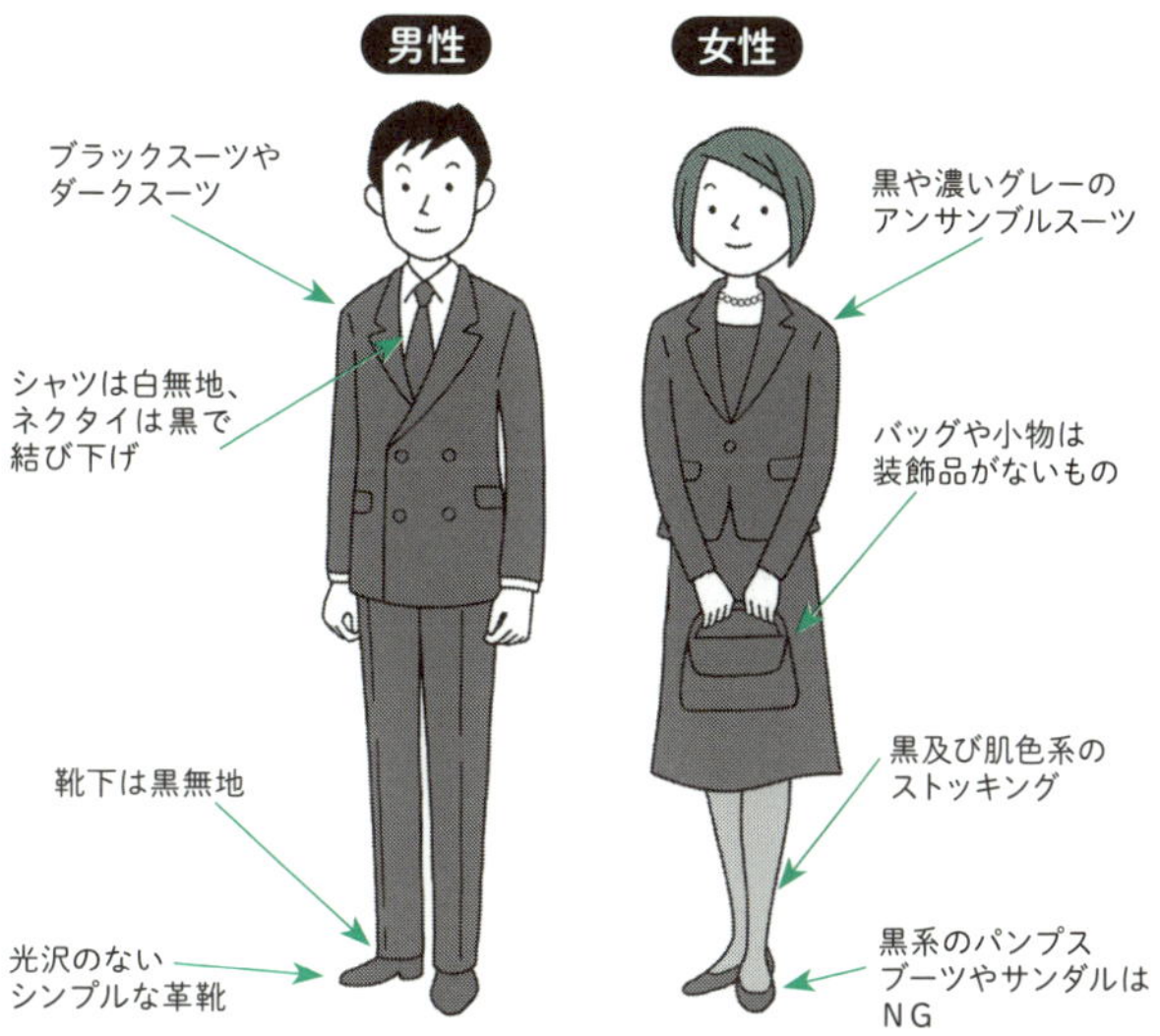

男性
女性
ブラックスーツやダークスーツ
シャツは白無地、ネクタイは黒で結び下げ
靴下は黒無地
光沢のないシンプルな革靴
黒や濃いグレーのアンサンブルスーツ
バッグや小物は装飾品がないもの
黒及び肌色系のストッキング
黒系のパンプス ブーツやサンダルはNG

正礼装［男性］

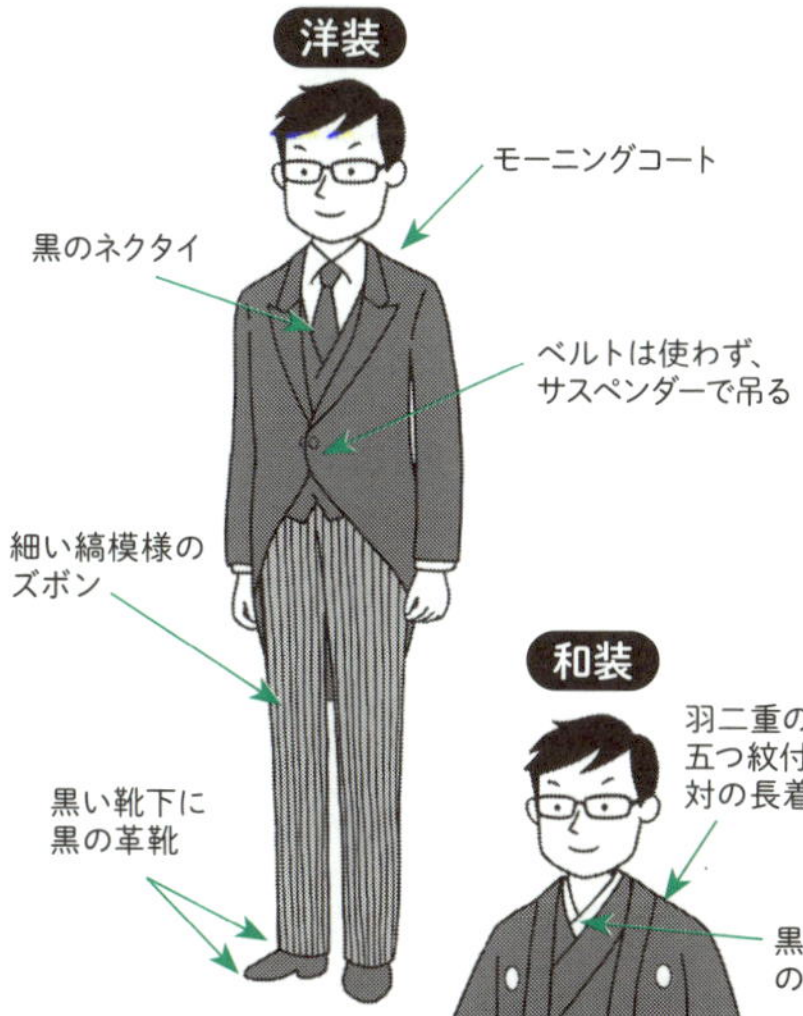

洋装
モーニングコート
黒のネクタイ
ベルトは使わず、サスペンダーで吊る
細い縞模様のズボン
黒い靴下に黒の革靴

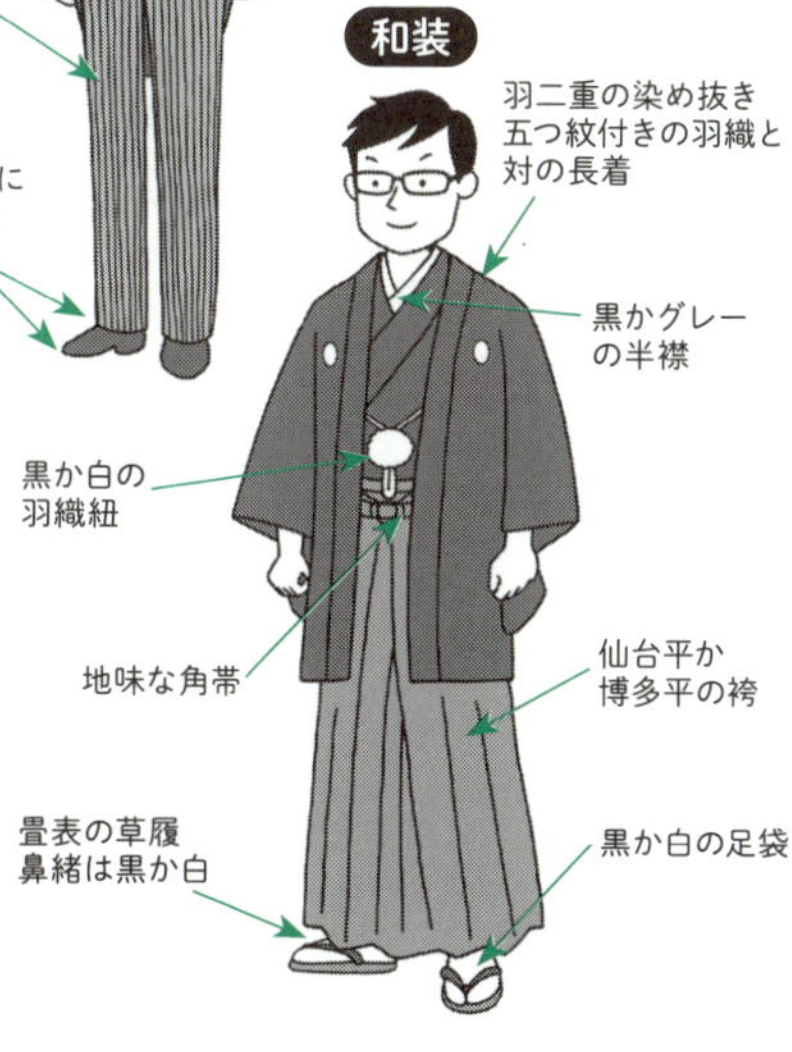

和装
羽二重の染め抜き五つ紋付きの羽織と対の長着
黒かグレーの半襟
黒か白の羽織紐
地味な角帯
仙台平か博多平の袴
畳表の草履 鼻緒は黒か白
黒か白の足袋

正礼装［女性］

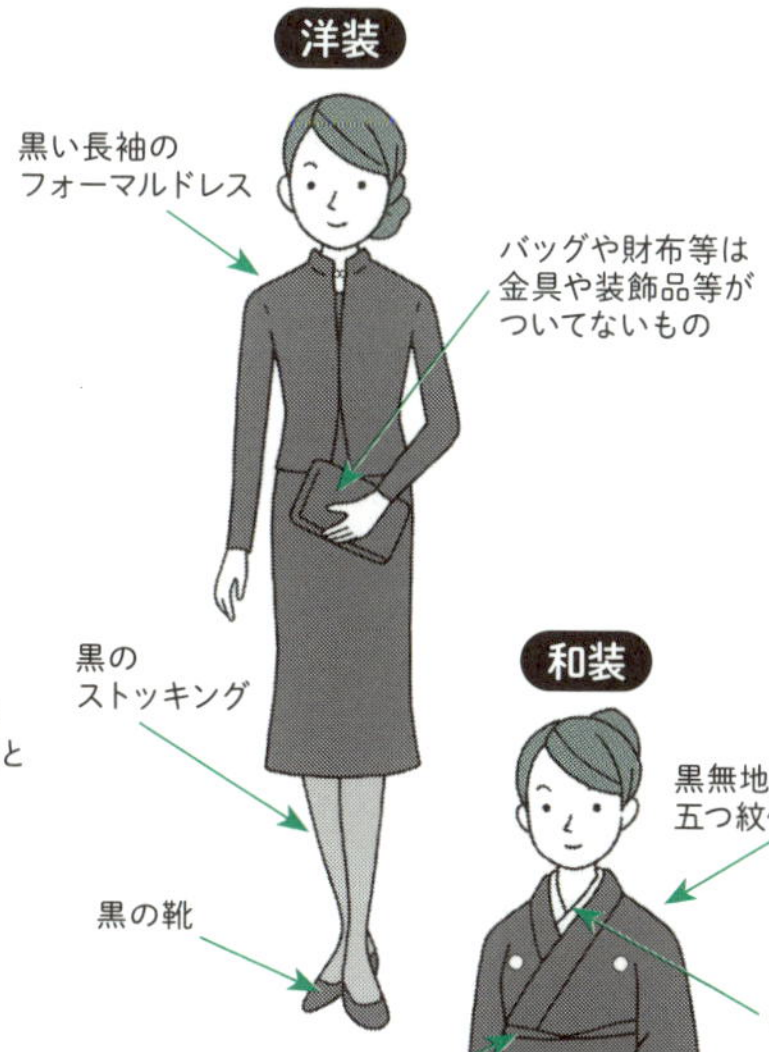

洋装
黒い長袖のフォーマルドレス
バッグや財布等は金具や装飾品等がついてないもの
黒のストッキング
黒の靴

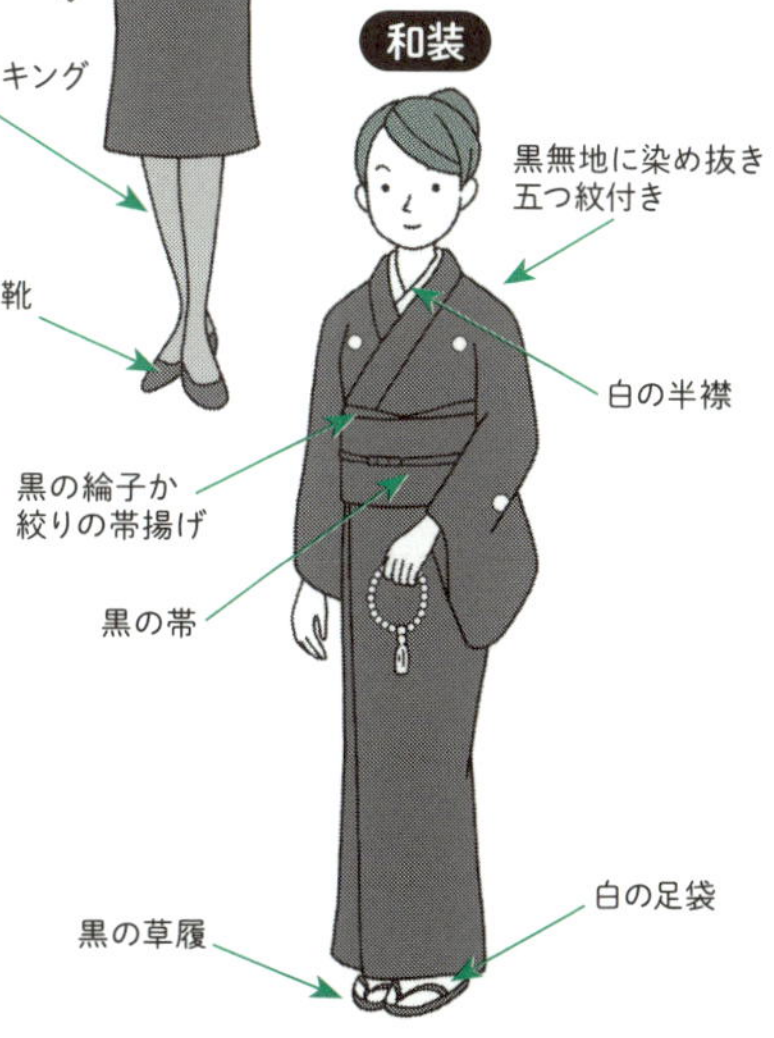

和装
黒無地に染め抜き五つ紋付き
白の半襟
黒の綸子か絞りの帯揚げ
黒の帯
白の足袋
黒の草履

通夜は故人とゆっくり過ごす最後の夜です

通夜は、故人の家族や親族など、近しい方々が集まって、夜通し線香やろうそくの火を絶やさずに、故人の思い出や感謝の気持ちを語り合い、故人を偲ぶ儀式でした。一般の弔問客は、翌日の昼間に行われる葬儀・告別式に参列するのが通常でした。

しかし、葬儀の形式は時代とともに変わり、現代は、通夜にも一般会葬者が参列するケースがほとんどです。また、儀式の開始から二〜三時間で終了する「半通夜」が主流です。

そのあとも、斎場によっては防犯・防火上の理由などから、夜通し灯明やお線香を灯すことはしないケースも増えています。

お通夜ですること

Q 家族は必ず斎場に泊まるものですか？

A 身体的なご負担もあることですので、泊まらなければいけないということはありません。斎場によっては夜間の付き添いができないところもあります。故人と最後の夜を過ごしたいとお考えのときは、斎場を選ぶ際に、夜間の付き添いが可能かどうか、確認しましょう。

Q 通夜当日、喪主は何をするのですか？

A 通夜当日の喪主の大きな役割は、僧侶や弔問客の接待とあいさつです。斎場に僧侶が到着したら、まず控室にご案内をします。通夜終了後、ふたたび控室にご案内をし、お礼のあいさつ、通夜ぶるまいのご案内をします。

Q 座る席順に決まりはありますか？

A 左右に分かれる場合は、祭壇に向かって右の列は、喪主、遺族、親戚などの「親族席」。左の列は、会社関係や友人、知人などの「一般席」となります。親族席では、前列左側から、喪主、親、子ども、兄弟、叔父叔母と、故人と縁が深い順に、祭壇の近くから座ります。

Q 通夜ぶるまいは必ずするものですか？

A 通夜ぶるまいは弔問客へのお礼やご供養の意味があります。また、故人にとってこの世での最後の食事をともにしていただくという意味もありますので、ほとんどのお葬式では通夜ぶるまいを行います。ただし、地方によってはこの習慣はなく、弔問客には寿司の折り詰めやまんじゅう、酒などの粗供養品を持ち帰ってもらうこともあります。事情をよく知る地域の人や、葬儀社に確認をするとよいでしょう。

Q 通夜ぶるまいには、お坊さんにも同席してもらうものですか？

A 地域や寺院によりさまざまですが、通夜ぶるまいのご案内は必ずします。できれば同席をしていただきたいものですが、ご都合によってはご辞退される場合もあります。そのときは、御膳料をお渡しします。

一般的な通夜の流れ

遺族・参列者の入場・着席	遺族は通夜の受付が始まる時間には、祭壇の前に着席しているようにする
⬇	
僧侶のご入場	一同で僧侶を迎える
⬇	
僧侶の読経	読経の時間は僧侶の意向などによって異なる
⬇	
焼香	喪主、遺族、親族と、故人とつながりが深い順に行う。喪主と遺族は目礼を返す
⬇	
僧侶の法話	故人を偲ぶ仏教の話。しない場合もある
⬇	
僧侶のご退出	一同で僧侶を送る
⬇	
通夜ぶるまい	僧侶や弔問客をもてなす

※通夜ぶるまいが終了したら、翌日の葬儀の打ち合わせを葬儀社と行い、会計係よりお香典を受け取ります。弔電にも目を通し、読み上げるものを決めておきます。

知って安心!

予定の時間がきたら、喪主や親族代表者があいさつをして、通夜ぶるまいを閉じます。あいさつは一般的に、弔問の感謝と葬儀・告別式の告知などを述べます。

一例として、

「本日は誠にありがとうございました。故人を偲ぶ話は尽きませんが、夜も更けて参りました。勝手ではございますが、本日はこのあたりで閉じさせていただきます。なお、葬儀・告別式は明日○時より、○○斎場にて執り行います。お時間が許すようでしたら、ご参集いただければと存じます。本日は誠にありがとうございました」

などと述べるとよいでしょう。

葬儀の流れとマナーを知っておくと安心です

葬儀・告別式はどのような流れで営まれ、そのとき遺族は何をしなければならないのかご存じでしょうか。

葬儀・告別式当日の雑事は、葬儀社や世話役が中心となり、お手伝いをしてくださる方々によって進められることになりますが、いざというときに慌てないよう、全体の流れとマナーを知っておくと安心です。

葬儀を行う

Q 葬儀と告別式は違うものですか?

A 「葬儀」は故人をこの世からあの世へと送り出すための宗教的な儀式、「告別式」は最後の別れを告げる儀式です。

つまり、仏式であれば僧侶が読経を行っている時間が葬儀。弔辞や弔電を読みあげたり、焼香や献花をする時間が告別式となります。現代は、葬儀と告別式をまとめて行うことが多いようです。

Q 供花の並べ方に決まりはありますか？

A 上段の祭壇に近い方から、喪主↓近親者↓友人↓知人↓関係者　という順で並べていきます。職場の社長や取引先の社長など、日頃お世話になっている人から並べたくなるものですが、一般的には、やはり故人と縁の深い方から並べます。

Q 弔電を読みあげる順番はどのように決めたらいいですか？

A 例えば社葬などでは肩書を優先し、議員や知事、市町村長などから読みあげることが多いのですが、一般のご家庭の場合は故人と交流が深かった方を優先することが多いようです。

Q 弔電のお礼は、メールでも大丈夫ですか？

A 親しい間柄だからメールでも……と思う方も多いのですが、弔電のお礼をメールで済ますのは失礼な印象を与える場合もあります。やはり、正式にお礼状を出すのがよいでしょう。

Q 弔辞のお礼はどうしますか？

A 弔辞を読んでいただいた方へは、金銭よりも菓子折りなどの品物を、お礼として渡すことが多いようです。お葬式のあとに直接お礼にうかがうと、よりていねいです。

Q 喪主のあいさつではどんなことに気をつけたらいいですか？

A 故人との関係、会葬のお礼、生前お世話になったことへの感謝、遺族へのこれからの支援のお願いなど、ポイントをおさえて簡潔に話すとよいでしょう。

Q&A

火葬・収骨

Q 火葬場には、だれに行ってもらえばいいのでしょう？

A 火葬場まで行くのは、基本的に親族と、故人とごく親しかった人です。親族といっても全員ではなく、つながりの深い方だけで問題ありません。火葬場に行くマイクロバスや、待ち時間にお出しする軽食などの準備があるので、事前にお声がけをして人数を確定しておかなければいけません。

Q 火葬に際し、心づけは必要ですか？

A 絶対に必要というわけではありませんが、慣習として心づけを渡す場合が多いようです。金額は三〇〇〇～五〇〇〇円。白い袋に入れて葬儀社に預け、必要なときにそのつど渡してもらうようにすると安心です。お渡しするのは、「火葬場の係員」「霊柩車の運転手」「マイクロバスの運転手」「火葬中の控室での配膳係」などです。ただし、公営の火葬場の場合、職員への心づけは渡さないことが多いです。

Q 火葬をするのには火葬許可証が必要と聞きましたが……

A 火葬をするには自治体の許可が必要です。この手続きは通常、葬儀社が代行しますが、場合によってはご家族がすることもあります。ご臨終後、医師から死亡診断書を渡されます。この死亡診断書と死亡届を市区町村の役所に提出しますと、火葬許可証が交付されます。

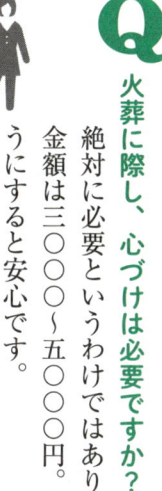

Q 分骨をしたいのですが、どうしたらいいでしょうか？

A あらかじめ葬儀社に分骨をしたいと伝えておくと、分骨のための骨壺を用意してもらえます。お骨を二か所のお墓に埋葬する場合は、火葬場で「分骨証明書」をもらっておきましょう。
ちなみに、すでにお墓に埋葬されているお骨を分骨する場合は、墓地の管理者に分骨証明書を発行してもらうことになります。

Q 葬儀の日に初七日法要を行うのはよくあることなのですか？

A 本来は、亡くなって七日目に行うものですが、最近はお葬式の当日に行うのが一般的になっています。
火葬のあとに行う場合もありますし、火葬の前に葬儀の読経に続いて初七日の読経を行う場合もあります。

Q 還骨法要はどのタイミングで行うものですか？

A 還骨《かんこつ》法要は、骨になって帰ってきた故人を追悼する儀礼です。

火葬後に、斎場か寺院に遺骨を持ち帰り、後飾り祭壇※に位牌、遺影とともに安置し、僧侶に供養してもらいます。初七日法要と同じタイミングで行うことが多いようです。

そのあと、通常、精進落としを行います。

※ 後飾り祭壇：遺骨や位牌を安置する祭壇のこと。

一般的なお葬式の流れ

遺族・参列者の入場・着席	喪主、遺族は、参列者よりも先に入場・着席しているようにする
↓	
僧侶のご入場	一同で僧侶を迎える
↓	
僧侶の読経・引導※（宗派による）	読経の時間は僧侶の意向などによって異なる
↓	
弔辞・弔電	弔辞を読み、祭壇に供える。弔電は、司会者が読みあげる
↓	
焼香	喪主、遺族、親族と、故人とのつながりが深い順に行う。喪主と遺族は目礼を返す
↓	
故人との最後のお別れ	故人との最後の対面。喪主と近親者で故人の周りを生花で飾る「別れ花」をし、棺のふたを閉める。石を用いて棺のふたに釘を打つ「釘打ち」の儀式は、最近は簡略化されたり、省略されることも多い
↓	
出棺	遺族や葬儀社の担当者数人で、棺を霊柩車に運ぶ 喪主が位牌を、喪主の次につながりが深い遺族が遺影を持つ
↓	
喪主のあいさつ	霊柩車に棺をのせてから、見送りに出てくださった参列者に、喪主より会葬のお礼をする
↓	
火葬	火葬の前に、僧侶の読経と焼香を行う
↓	
収骨（骨上げ）	お骨を骨壺に収める。二人一組で一つの骨を竹箸で拾うことが多い
↓	
還骨法要	斎場・寺に戻り、後飾り祭壇に遺骨、位牌、遺影を安置し、読経を行う
↓	
初七日法要	本来は亡くなった日から七日目に行うが、最近は葬儀・告別式と併せて行うことが多い
↓	
精進落とし	お礼とねぎらいのために、僧侶、世話役など、葬儀でお世話になった方々を招く

※ 引導：僧侶が棺の前で法語を語り、故人を冥界から悟りの道へ導く儀式

精進落としについて

Q 精進落としには誰をお招きすればよいですか？

A 僧侶、世話役をはじめ、葬儀・告別式でお世話になった方々と、日ごろ付き合いのある親族、親しい友人などをお招きするケースが多いようです。地域によっては、会社関係や近隣の方々なども呼んで、大規模に行う場合もあります。事情をよく知る地域の方や、親族に相談されるとよいと思います。

Q お坊さんが精進落としに来られません。どう対応したらいいですか？

A 僧侶が精進落としの席を辞退された場合は、「お車代」といっしょに「御膳料」を渡します。一般的には五〇〇〇円から一万円をお包みします。

Q 精進落としの席で、とくに気を付けることなどはありますか？

A まず精進落としを飲食店で行う場合、トラブルを避けるため、あらかじめお骨を安置したい旨を伝え、了承を得ておきます。また、陰膳《かげぜん》の用意もお願いしておきます。料理にはとくに制限はありませんが、祝いの席でよく出される伊勢海老や鯛などは外した方がよいでしょう。
杯を上げるときは、「乾杯」とは言わず、「献杯《けんぱい》」と発声します。このとき、グラスを高くあげたり、グラスを合わせて音をたてることはしません。

※ 陰膳：故人のための食事。

葬儀のあとも、まだまだ気を抜けません

お葬式が終わってほっとしたのも束の間、じつはまだまだやることがあるのです。

寺院をはじめ、お世話になった方々へのあいさつ回り、お礼状の発送。病院や葬儀社への支払い。

各種の届け・事務的な手続き。そのほか、四十九日忌の法要や納骨などの仏事も控えています。

いつまでに何をすればいいのか、どのようにしたらいいのか……。

ここでは、こうしたお葬式のあとのことについて寄せられる質問の中から、とくに知っておいていただきたいことにお答えします。

あいさつ回り

Q お坊さんへのあいさつ・お礼は、いつごろうかがえばいいですか？

寺院へは、葬儀を終えたらなるべく早く、できれば翌日か翌々日にうかがいたいところです。喪主ともう一人の遺族のお二人で行くとていねいです。
服装は、お葬式直後なら喪服で。二〜三日後なら地味な色の平服でもかまいません。
このときに、四十九日忌法要や納骨の日程などを打ち合わせしておくとよいでしょう。

Q 弔辞をお願いした方には直接あいさつにうかがった方がいいですか？

A 葬儀後なるべく早く、遅くとも一週間を目安に、直接出向いてお礼を伝えるのがていねいですが、遠方の場合はお礼状を送られても失礼にはあたりません。菓子折りなどをいっしょに贈ってもよいでしょう。

Q 供物や供花をいただいた方へはどのようにお礼をしますか？

A お葬式後できるだけ早めにお礼状、または品物を贈ります。そのときの掛け紙は「志」「粗供養」「御礼」とします。香典返しの際に上乗せしてお返しするのでもよいでしょう。

Q ご近所の方へのあいさつは必要ですか？

A お葬式が無事に終了したことを報告し、ご協力いただいたお礼や、車の出入りなどでご迷惑をおかけしたことなどをお詫びにうかがいます。菓子折りなどを持参するとていねいです。

Q 故人の勤務先には、どのようにごあいさつにうかがえばいいでしょうか？

A 直接勤務先にうかがうようにします。事前に総務や事務の方に連絡を入れておくと、退職金や遺族年金などの事務手続きがスムーズに進みます。
このとき、故人がお使いになっていた会社のものは返却し、私物は持ち帰るようにします。

Q&A

香典返し・お礼

Q 香典返しはいつごろ贈ればいいですか？

A 地域性や親族間の慣習などもあり一概には言えませんが、四十九日の忌明けを迎えた後に贈る方が多いようです。

Q 会葬御礼といっしょに、香典返しを当日渡しても大丈夫ですか？

A 通夜・告別式のときに香典返しを渡すこともあります。これを「当日返し」といいます。本来は四十九日忌後に香典金額に合わせた品物を個別に贈りますが、ご近所やご友人の方へは「当日返し」で済まされることが多いです。

当日返しを渡した場合でも、多額のお香典をいただいた方には後日、金額に見合うカタログギフトなどでお返しをするとよいでしょう。

Q 四十九日忌法要のときにいっしょに香典返しを渡してもいい？

A 四十九日忌は、この日をもって忌明けとなる重要な法要で、会食やお礼の用意もしなければなりません。ですから、香典返しは後日改めて贈ることをおすすめします。

Q 家族葬で行い、香典を辞退したのですが香典が送られてきました。お返しはどうしたらよいでしょう？

A 送っていただいたお香典はお気持ちとしていただき、同額程度のお返しの品と、お礼状をお送りしてはいかがでしょうか。

Q 香典返しは不要、と言われたのですが……

A 関係性にもよりますが、お気持ちを受け取り、後日お礼状を送りましょう。
地域によっては香典返しの慣習がない場合もあります。また、世帯主が亡くなり香典を今後の生活費にあてるとか、故人の遺志により香典は寄付をするなどの理由から香典返しをされない場合もあります。その時は、あいさつ状に理由を書き添えて送ります。
［文例］本来ならば、ご厚志への御礼をさせていただくべきところではございますが、甚だ勝手ながら、日頃のご厚情に甘え、子どもたちの養育費にあてさせていただきたく存じます。どうかご理解をいただきますよう、お願い申し上げます。

Q 高額のお香典をいただいた方に対し香典返しの品が複数になっても大丈夫ですか？

A カタログギフトとお菓子などで二品お返しをするのはよくあることですが、仏事では「不幸が重なる」を連想させるため、複数を嫌います。香典返しを二品贈る場合には、ギフトショップなどで、抱き合わせて一つに包んでいただくか、別々の場合も、掛け紙は一つだけに付けるのが一般的です。

Q 入院お見舞いをいただいたまま亡くなり、香典もいただきました。お礼はどうしたら？

A お見舞いのお返しも含めて香典返しをされるか、「御見舞御礼」として季節のお菓子やタオル、お茶など、日常お使いになる品物を送るとよろしいと思います。
なお、商品券はよほど親しい方を除き、一般的には贈りません。

Q 故人が勤めていた会社の課より「一同」で香典をいただいたのですが……

A お香典の金額にもよりますが、課のみなさんで召し上がれるお菓子などを、あいさつにうかがう際にお持ちになられてはいかがでしょうか。

Q 香典返しの表書きを教えてください

A 「志」は、仏式、神式、キリスト教式など、宗教を問わずに使うことができます。
西日本の一部地域では、仏式による香典返しに「満中陰《まんちゅういん》志《し》」と書くことがあります。
また、神式では「偲び草」と書くこともあります。

遺族のための表書き一覧

	仏式	神式	キリスト教式
寺院などへのお礼	「お布施」 「お車代」 「御膳料」	「御礼」／「御祭祀料」 「お車代」 「御膳料」	カトリック：「御礼」／「献金」／「御ミサ料」 プロテスタント：「御礼」／「献金」 「お車代」 「御膳料」
手伝ってもらった方へ	「御礼」／「寸志」／「志」		
香典返し	「志」 「満中陰志／満中陰」 （西日本の一部地域）	「志」／「偲び草」	「志」

お葬式後に必要な手続きの例

【支払い】

病院や介護施設、葬儀社への支払いや、菩提寺へのお布施がお葬式当日に済んでいなければ、早めに持参するようにしましょう。

【役所等への届け出・手続き】

「年金受給停止の手続き」「介護保険資格喪失届」「世帯主の変更届」「雇用保険受給資格者証の返還」「所得税準確定申告・納税」「相続税の申告・納税」「生命保険金の請求」など。

【補助金などの申請】

「国民健康保険加入者の葬祭費請求」「健康保険（社会保険）加入者の場合の埋葬料請求」「高額医療費の申請」「労災保険の埋葬費請求」など。

【遺族年金などの手続き】

「国民年金の遺族基礎年金請求」「国民年金の寡婦年金請求」「厚生年金の遺族厚生年金請求」「労災保険の遺族補償給付請求」など。

【名義変更や解約などの手続き】

「不動産」「預貯金」「株式」「固定電話」「公共料金」などの名義変更。「クレジットカード」「運転免許証」「パスポート」「携帯電話」「プロバイダー」等の解約。「自動車所有権の移転」など。

3

法要を営む

法要は故人を偲び、冥福を祈る儀式です

法要は、故人の冥福を祈り供養をする仏教の儀式です。そして、親族をはじめ、生前故人と縁の深かった方々が集まって故人を偲《しの》び、近況を報告しあいながら親交を深める貴重な場でもあります。仏教に限らず神道やキリスト教にも法要にあたる儀式がありますが、ここでは圧倒的にご質問の多い、仏式の法要についてのご質問への回答を中心に進めていきたいと思います。

仏教では、法要を行い故人の冥福を祈ります。冥福とは「冥途《めいど》の幸福」のことで、残された者が供養をすることで、故人があの世で幸せでいられるのだとされています。

故人が亡くなってから四十九日目までは、七日ごとに法要を行います（次ページ参照）。この四十九日間は「中陰《ちゅういん》」とも呼ばれ、故人はこの世からあの世へと、旅をしている期間とされています。そして、死後七日目から七日ごとに七回、閻魔《えんま》大王をはじめとする〝裁判官〟によって、生前の行いに対する裁きを受け、四十九日目で来世の行き先が決まるのだといわれています。

残された家族は、故人が極楽浄土に行けるよう、故人に「善」を送ります。これを「追善《ついぜん》供養」といいます。

法要の基礎知識

初七日から四十九日忌の法要

仏教では、人は、亡くなってから四十九日目までのあいだ、この世からあの世までの旅をしていると考えます。この期間に法要を行い供養することで、故人が成仏する手助けとなるのです。法要は、死後七日目から始まり、以後、七日ごとに営まれ、通常、四十九日忌で忌明けとなります。

<table>
<tr><th>法要</th><th>時期</th><th>概要</th></tr>
<tr><td>初七日忌</td><td>死後７日目</td><td>最近は、葬儀当日に繰上げ初七日法要を行うことが多いため、遺族、親族をはじめ、友人・知人も列席する</td></tr>
<tr><td>二七日忌</td><td>死後14日目</td><td rowspan="3">遺族のみで行う。読経を省略することが多い</td></tr>
<tr><td>三七日忌</td><td>死後21日目</td></tr>
<tr><td>四七日忌</td><td>死後28日目</td></tr>
<tr><td>五七日忌</td><td>死後35日目</td><td>遺族のみで行う。読経を省略することが多い。地域によってはこの日が忌明けになる為、その場合は僧侶の読経や焼香を行う</td></tr>
<tr><td>六七日忌</td><td>死後42日目</td><td>遺族のみで行う。読経を省略することが多い</td></tr>
<tr><td>七七日忌
（四十九日忌）</td><td>死後49日目</td><td>遺族、親族をはじめ、友人・知人も列席し、忌明けの法要を行う。納骨もこの日に行うことが多い</td></tr>
<tr><td>百か日忌</td><td>死後100日目</td><td>遺族のみで行う。読経を省略することが多い</td></tr>
</table>

※7日目、14日目……は、関東では亡くなった日を含めて数えます。関西では亡くなった日の前日から数えます

一周忌からの年忌法要

<table>
<tr><th>法要</th><th>時期</th><th>概要</th></tr>
<tr><td>一周忌</td><td>亡くなった翌年の祥月命日</td><td rowspan="2">遺族、親族をはじめ、友人・知人も列席し、読経、焼香、会食をする。</td></tr>
<tr><td>三回忌</td><td>死後２年目</td></tr>
<tr><td>七回忌</td><td>死後６年目</td><td>遺族、親族をはじめ、友人・知人も列席し、読経、焼香、会食をする。
これ以降は少しずつ規模を小さくしていくことが多い</td></tr>
<tr><td>十三回忌</td><td>死後12年目</td><td rowspan="4">遺族のみで行うことが多い</td></tr>
<tr><td>十七回忌</td><td>死後16年目</td></tr>
<tr><td>二十三回忌</td><td>死後22年目</td></tr>
<tr><td>二十七回忌</td><td>死後26年目</td></tr>
<tr><td>三十三回忌</td><td>死後32年目</td><td>遺族、親族をはじめ、友人・知人も列席し、読経、焼香をする。これをもって弔い上げとすることが多い</td></tr>
</table>

※三回忌以降は、亡くなった年を1年目として数える

法要の日程を決める

Q 命日が平日なので、その後の土日に法要を行ってもかまいませんか？

A 「仏事は先延ばしにしないように」と言われていますので、命日が平日にあたるときには、それより前の土日に行うのが一般的です。
しかし、何よりも故人を供養するお気持ちがいちばん大切です。命日の前に行うのがどうしても難しいようでしたら、それも致し方ないのではないでしょうか。まずは寺院とご親族に相談してみてはいかがでしょうか。

Q 父の一周忌（三月）と祖父の十七回忌（六月）をまとめてやってもいいですか？

A 同日に複数の法要を行うことを「併修《へいしゅう》」といい、何も問題はありません。
その場合は、命日の早い方、つまり、三月のお父さまの一周忌に合わせて行うのが一般的です。

Q お寺から法要のはがきがきました。親族も高齢になり、集まることが難しいのですがこの先も法要は続けなければいけませんか？

A 一般的には三十三回忌をもって弔い上げ※とすることが多いのですが、ご家庭によってはそれよりも早くに弔い上げとする方も少なくありません。寺院に事情を説明されてはいかがでしょうか。
ただ、お寺さまは、檀家の年忌法要にはご本尊にお経をあげてくださいます。親族が集まっての法要は行わなくても、その日はお寺に伺い、お供物と、いくばくかのお気持ちをお包みするのがよろしいかと思います。

※ 弔い上げ：今回をもって年忌法要を最後とすること。三十三回忌または五十回忌とするところが多い。

そしてお墓に参り、お花とお線香を手向《たむ》けられてはいかがでしょうか。

Q 去年が父の三十三回忌だったのに うっかり忘れていました。どうしたら？

A 回忌の間隔が開いてくると、うっかり忘れてしまったという方もおられます。一年遅れで法要を営む方もおられますので、気になるようでしたら、まずはお寺にご相談ください。

Q 友引の日に法要をしてもいいでしょうか？

A 六曜は中国の古い占いのようなもので、本来は仏事と無関係です。少しでも多くのご親族が参列できる日で決められてはいかがでしょうか。ただし、六曜を気にする方がいらっしゃるのであれば、他の日にされるのが無難かと思われます。

Q 法要は、どの程度まで前倒しが可能ですか？

A 前倒しする期間に決まりはありません。都合がつかない場合は、命日の一か月以上前に行う場合もあります。

Q 四十九日忌の法要と、お墓を建てたお祝いを いっしょに行っても大丈夫ですか？

A 四十九日忌の法要と、お墓を建てたお祝い「建碑《けんぴ》祝い」を同時に行う方はいらっしゃいます。その場合、日程を決めるときには、仏事である四十九日忌の法要を優先するようにしましょう。

法要の準備

施主を決める	施主とは主催者のこと。通常はお葬式で喪主を務めた人が行います。
寺院と相談して日時・会場を決める	命日、または命日より前の土日に行うのが一般的です。
案内状の発送	封書がていねいですが、最近は往復はがきを送付する略式が増えています。
卒塔婆供養（68頁参照）の手配	浄土真宗では卒塔婆を立てません。
引き物・会食の手配	引き物は一家に一つ（案内状の数分）用意します。

法要の会場と招待客について

Q 父の一周忌は、大勢の人を呼んで行おうと考えています。どんな場所がふさわしいですか？

A 友人や知人をたくさんお呼びするなら、ホールやホテルなどがよいでしょう。ただし、読経や焼香ができない施設もありますので、事前に確認が必要です。

Q 斎場で法要を行うときには何を用意したらいいでしょうか？

A 故人の位牌とお写真、お布施（76頁参照）、お菓子や果物などの御供物は必ずご用意ください。線香やろうそくは斎場の方で用意されていることもあるので、確認しましょう。

Q お寺で法要を行います。用意するものなどとくに気を付けることなどありますか？

A 通常、お菓子や果物などの御供物は施主が用意しますが、寺院で用意してくださることがあります。その場合は、お布施とは別に「御供物料」をご用意ください。

Q 墓地に法要を行うための施設がありません。菩提寺もありません。どこで行えば……？

A 葬儀をお願いした寺院の本堂や、斎場、ご自宅、または、お墓の前で法要を行うことができます。

Q 何回忌まで、親戚を招いて法要を行うものですか？

A 親戚とのお付き合いにもよりますが、近年は、三回忌までは親族や友人も呼んで行う方も多いようです。その後、七回忌から規模を小さくしていく傾向はあります。

Q 法要に招く場合、交通費や宿泊費は？

A 親族や地域の慣習によって変わりますが、遠方から来られる方のホテル代は施主が負担し、交通費は参列者ご自身で負担することが多いようです。

Q 法要でご仏前を辞退しますが引き物は必要ですか？

A 最近は、お返しとしての品物はご用意しないことが多いですが、わざわざお越しいただいたお礼としての品物をご用意される方もいます。

卒塔婆供養について

Q 卒塔婆《そとうば》は、誰が何のために立てるものですか？

A 故人のご家族やご親族が、年忌法要やお彼岸、お盆の時期に、卒塔婆を立てます。卒塔婆を立てることは追善《ついぜん》供養となり、故人にとってもっともよい供養になるといわれていますが、宗派によっては卒塔婆供養を行いません。

法要の際には施主が事前に卒塔婆供養をする人の人数とお名前を確認し、寺院に連絡をしておきます。

Q 法事の際には、卒塔婆は必ず立てるもの？ 一人一本ですか？

A 故人の追善供養になることなので立てる方が多いです。故人一人に対して家族で一本立てるのが基本です。その際は、卒塔婆には世帯主の名前を入れていただくのが一般的です。

Q お墓の卒塔婆がボロボロです。卒塔婆はいつまで立てておくものですか？

A 卒塔婆を立てておく期間に決まりはありませんが、あまり長いあいだ放置していると朽ちてお墓を汚すことにもなります。卒塔婆は古くなったら撤去し、寺院や霊園などの指定の場所に廃棄します。寺院では、お焚き上げを行ってくれます。

Q 卒塔婆供養はおいくらですか？

A 一本につき、三〇〇〇～五〇〇〇円程度ですが、寺院に直接確認しましょう。

Q&A お布施について

Q 二人の法要をいっしょに行う場合お布施は倍になりますか？

A 倍までは必要ありませんが、通常は五割増し程度。例えば、一人分で三万円をお考えでしたら、二人で五万円といったところでしょうか。なお、卒塔婆は故人一人につき一本立てるのが一般的です。

Q 回忌によってお布施の金額は変わりますか？

A 一周忌は少し多めに用意し、それ以降は同額でかまいません。

Q 法要を墓前で行います。お部屋を借りないので、お布施を減らしてもいいですか？

A お布施は故人を供養していただくことに対する感謝の気持ちですから、規模にかかわらず、今までお包みになっている金額を目安にご用意されたほうがよろしいと思います。

Q 父の三十三回忌を行います。これを区切りにしますが、お布施はいつもと同じでいいですか？

A お布施については一概には言えませんが、三十三回忌で弔い上げとなさるなら、寺院への感謝の気持ちとして、いつもよりも少し多めにお包みすると、よろしいかと思います。

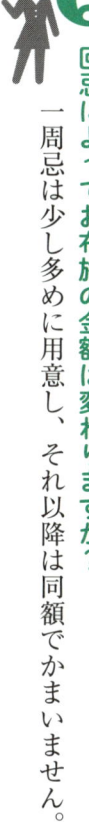

Q&A

納骨式を行う

Q 納骨の日取りは
どのように決めればよいですか?

A 決まりはありませんが、四十九日忌法要といっしょに納骨をされる方が多いようです。

Q 父が、一周忌が過ぎた母の遺骨を
まだ近くに置いておきたいと言うのですが……

A いつまでに納骨しなければいけないという期限はありません。お父さまのお気持ちを汲まれて、もう少しお手許に置いておかれてはいかがでしょうか。

Q 納骨の際、僧侶は呼ぶものですか?

A お寺が管理している墓地に納骨する際は、僧侶にお経をあげてもらうのが一般的です。宗教を問わない霊園の場合は、必ずしも僧侶を呼ぶ必要はありません。

Q 遺骨を遠方のお寺に納骨します。
どのように運んだらいいのでしょう?

A 公共の交通機関を利用するなら、ほかの乗客への配慮が必要です。バッグに入れたり風呂敷で包むなどします。
持ち運ぶのが難しい場合には、郵便局が取り扱う「ゆうパック」で送ることが可能です。骨壺が割れないようにしっかり梱包し、「割れ物」と記入します。

Q 納骨までに、お墓の準備でしなければいけないことは？

A お墓に戒名を彫る場合は、二〜三週間前に石材店に依頼します。また、当日は石を動かして納骨をするので、事前に石材店に日程を伝えておきます。

Q 納骨をしてくれる石材店の方にはお礼をした方がいいですか？

A 決められた納骨料のほかに、決まりではありませんが、心づけとして数千円をお渡しする方が多いようです。

Q&A 服装はどうしたらいい？

Q 身内だけで一周忌の法要を行います。平服でも大丈夫ですか？

A 仏事ですので基本的には喪服を着用します。ただ、施主が平服でよいと判断されれば、それでもかまいません。なるべく黒や紺などの地味な服がよいでしょう。

Q 喪服は何回忌まで着たらいいですか？

A 施主側は、三回忌くらいまでは喪服を着用し、それ以降は平服にすることが多いようです。七回忌以降の法事は、これまでの形式ばった儀式から、故人を偲ぶ行事として親族が集まり、思い出話などをする機会へと変わってくるためです。

Q&A お寺との関係

Q 檀家ではありませんが、近所のお寺にお願いすれば年忌法要をやってもらえますか？

A 法要などの仏事は、原則、菩提寺と檀家の関係がなければなりません。そのときだけお経をあげてもらいたい場合は、霊園や葬儀社、石材店、仏壇店など、仏事関連の会社に寺院を紹介してもらうことがほとんどです。

その場合は、法要は墓前やご自宅、斎場などで行われるのが一般的で、紹介のお寺さまご自身の本堂で行ってくれることは少ないと思われます。

Q さまざまな仏事でお寺にお渡しするお布施の相場を教えてください

A 寺院の格式や授かった戒名や寺院との関係、地域の慣習などにもよるものなので、お布施に相場はありませんが、目安になる額は知りたいものです。檀家総代の方にたずねるのも一つの方法ですし、寺院に直接問い合わせても、失礼にはあたりません。

Q お寺にお布施の金額をたずねるのに何と言ったらいいのでしょう？

A 「初めてのことでまったくわかりません。失礼かと存じますが、みなさんがどのくらい包まれているのか教えていただけると助かります」などとたずねてみたらいかがでしょうか。

Q 永代供養をお願いすれば今後は追善供養の必要はないのですか？

A 永代供養をお願いしているのであれば、故人の命日や春秋のお彼岸などに、寺院で読経などを行ってくださいますので必要はなくなります。

Q 菩提寺への付け届けは少額でも罰は当たりませんか？

A 檀家は、お盆・暮れ・春秋彼岸の付け届けを通して、寺院の護持と故人の供養に勤めます。その際の金額に決まりはありません。少額でも罰が当たるということはございません。

Q 菩提寺からきた寄付金のお願いは断ることはできないのですか？

A 本堂や書院、鐘楼、山門などの寺院の施設は、仏教では檀家一同の財産と考えられています。ですから、こうした施設を改修するのに必要な費用の一部として、檀家から寄付金を募るのです。特別な事情がなければ、寄付金の案内にお応えするのも、檀家の勤めの一つです。ご事情がある場合は、ご住職にご相談をなさるとよろしいかと思います。

Q 離《り》檀《だん》するにはどうしたらいいですか？

A 最近増えている寺院とのトラブルは、突然離檀※を切り出すなどの礼を欠いた行動が原因になっていることが多いそうです。離檀をお考えなら、まず最初に菩提寺に相談するようにしましょう。その後、遺骨を別のお墓に移すなら、お墓の所在地の役所へ改葬許可申請書を提出し、改葬許可証を発行してもらいます。

※ 離檀：檀家をやめること

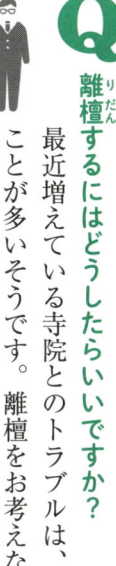

Q 晋山式《しんさんしき》に出席します。持っていく包みの表書きは何ですか？

A 晋山式は、新しいご住職が就任する儀式。お祝い事になりますので、紅白の祝儀袋に「御祝い」「祝晋山」と表書きをします。

Q 別の宗派で葬儀を行ったところ納骨を拒否されました。そんなことってあるのですか？

A 最近、そのようなトラブルは増えています。別の宗派で葬儀を行った、菩提寺に相談なしに直葬を行った、別の寺院で戒名を付けてもらったなど、理由はさまざまです。そもそも菩提寺があることを知らなかったという方も増えています。

まずは、しきたりなどを理解していなかったことをお詫びし、よく話し合いをされてみてはいかがでしょうか。

知って安心！

檀家になるってどういうこと？

檀家とは、特定の寺院に属している（入檀）家を指します。自分では申し込んでいなくても、じつは先祖代々、ある寺院の檀家である可能性があります。

檀家になると……

・葬儀や法事などの仏事に関して、手厚い供養を受けることができる
・急な葬儀などでも迷う必要なく寺院にお願いすることができる
・お寺を維持するために、寺院の修繕などに際し、寄付を行う
・仏事に関しては、菩提寺のルールに従って行う

神式・キリスト教式の法要

神式の「霊祭」

神道において、仏教の法要にあたる儀式を「霊祭」または「御霊祭」といいます。

霊祭は故人が亡くなった日から数えて10日単位で行われ、50日目の五十日祭が、仏教の忌明けに当たります。

神道では、霊祭を行う日を「斎日」といい、五十日祭までは人を招かず、家族のみで行います。

霊祭	概要
翌日祭	葬儀が無事に終わったことを報告する儀式。省略することも多い。
十日祭	十日祭は神官に祭詞をあげてもらうが、それ以降は遺族だけで行う。
二十日祭	
三十日祭	
四十日祭	
五十日祭	忌明けの霊祭。親族や友人を招き、神官に祭詞をあげてもらう。この日に納骨することが多い。
百日祭	遺族のみで行う。省略されることも多い。
一年祭	親族や友人を招き、神官に祭詞をあげてもらう。 三年祭は死後３年目、五年祭は５年目……というように、仏教の回忌法要とは数え方が違う。
三年祭	
五年祭	
十年祭	
五十年祭	遺族のみで行う。省略することも多い。

キリスト教の「追悼」

仏式の法要にかわり、キリスト教のカトリックでは「追悼ミサ」、プロテスタントでは「記念式」を行います。いつ行うかということは、仏式や神式のように細かく決められていません。

●**カトリック**……日本では、初七日や四十九日、一周忌や三回忌などの仏式法要に合わせて行うこともあります。
●**プロテスタント**……定められた日はなく、死後１週間目、１か月目、１年目など、遺族の希望で記念の集いを行います。

お布施の支払い事例

「お寺さまにお経をあげていただくのですが、お布施はどのくらい渡せばいいのですか」というご質問をよくいただきますが、残念ながら明確なお答えは差し上げられません。

それはお布施には、定まった金額がなく、寺院の格式や、授かった戒名や寺院との関係、地域の慣習などによって変わってくるからです。

左記の表内の金額は〝一例〟です。お布施の金額を知るには、直接寺院に問い合わせることがいちばん正確です。

【お布施の金額の一例】

通夜　葬儀　告別式	三〇万円～
四十九日法要	三～五万円
百か日法要	三～五万円
納骨式	一～五万円
一周忌法要	三～五万円
三回忌以降	一～五万円
祥月命日法要	五〇〇〇～一万円
新盆	三～五万円
通常のお盆	五〇〇〇～一万円
お彼岸（個別法要）	三～五万円
お彼岸（合同法要）	三〇〇〇～一万円
閉眼供養・魂抜き	一～五万円
開眼供養・魂入れ	一～五万円

4

お墓・仏壇について

4 お墓・仏壇について

お墓を建てるときに知っておきたいこと

日本最古のお墓は北海道の湯の里遺跡にあります。このお墓は旧石器時代のもので、国の重要文化財にも指定されています。それは「土壙墓《どこうぼ》」と呼ばれるお墓で、土を掘って穴をつくり、そこに亡くなった人を納めるという、とても簡素なものでした。

このように、私たちの祖先は何万年も前から人の死を悼み、お墓をつくって、死者を弔ってきたのです。

その後、巨大な古墳がつくられる時代を経て、風葬、土葬、火葬と、埋葬の方法もお墓の形も変化していきました。

現代では、日本の埋葬方法は火葬がほとんどですが、墓地やお墓の形は多様化しています。寺院墓地、霊園、納骨堂、樹木葬、散骨、手元供養……。どのようなお墓が合っているのか、何に気を付けたらいいのかなど、初めてお墓を建てるときの参考になさってください。

次ページの表は、現在主流となっている四つのタイプの墓地を比較したものです。寺院墓地や霊園、納骨堂など、墓地にはいろいろなタイプがありますが、それぞれの特徴を知らなければ、自分に合った墓地を選ぶことはできません。近年、多くの方が選ばれる、寺院墓地、霊園、納骨堂のメリット・デメリットをご紹介します。

いろいろなタイプの墓地があります

寺院墓地	
寺院墓地は、宗教法人が管理している民営墓地で、主として檀家のための墓地です。寺院にもよりますが、基本的には、寺院墓地にお墓を建てるということは、そのお寺の檀家になると考えてよいでしょう。	
メリット	**デメリット**
・交通の便のよいところが多い ・古くからの儀礼にのっとった形で供養ができ、戸惑いがない ・寺院の管理で安心できる ・供養が手厚く、日頃から僧侶の回向が受けられる ・本堂で法要を行えるなど、ていねいな供養ができる ・継承者が不在となった場合には、永代供養を受けることもできる	・檀家になることで、檀家としての務め（お寺の行事への参加や寺院の維持のための寄付など）が必要になる ・宗教的な教えにもとづく規則が厳しい場合もある

民営霊園	
民営霊園は、宗教団体や財団・社団法人などが運営・管理する霊園です。	
メリット	**デメリット**
・法要施設や駐車場、送迎バスなど、設備やサービスが完備されている ・宗教や国籍などの制限がない場合が多い ・遺骨の有無など、申込時の資格制限が少ない ・ペットといっしょに入れるお墓や、樹木葬墓など、選択の幅が広い	・人気のある霊園や区画はすぐに売り切れてしまうことが多い ・郊外にあることが多い ・施設や設備が充実している分、公営と比べて管理費が多くかかることがある

公営霊園	
都道府県や市町村などの地方自治体が管理する墓地で、多くは、当該霊園を運営する自治体に住んでいることが使用条件となっています。使用権は公募によって決まります。	
メリット	**デメリット**
・寺院や民営の霊園に比べ、管理費が安い ・管理運営主体に安心感がある ・宗旨宗派を問わない	・競争率が高く、抽選になる場合がある ・居住地の制限や、遺骨がすでにあること、親族に継承者がいることなど、条件が厳しい

納骨堂	
納骨堂は、遺骨を安置する屋内型の施設です。「ロッカー型」や、上段に仏壇、下段に遺骨の収蔵スペースのある「仏壇型」、立体駐車場のように収蔵庫の遺骨が参拝ブースに運ばれてくる「自動搬送式」など、タイプはさまざまです。	
メリット	**デメリット**
・草むしりなどの管理が不要 ・交通の便のよいところが多い ・宗旨宗派を問わない	・線香やお供え物に制限がある場合がある ・遺骨の数が多いと費用が高くなることがある

Q&A

墓地を探す

Q 霊園を選ぶ際、チェックすべきポイントは何ですか？

A 「宗教的な条件は合うか」「交通の便や自宅からの所要時間」「送迎バスの有無」「指定石材店の有無」「予算」などの確認は必ずします。
また、霊園全体の管理の様子や雰囲気も大切です。トイレは清潔か、ゴミは落ちていないか、水回りは清潔か。また、駐車場や法要設備、休憩場など、施設は充実しているか。職員の対応も、重要なポイントの一つです。

Q 永代使用料を払えば永遠に墓地を使用できるのですか？

A 墓地を購入する際には、通常「永代使用料」を支払います。これは、代々にわたって墓地の区画を使用する権利を得るためにかかる料金のことです。この使用権ですが、お墓の継承者がいなくなり、管理費を払えなくなった場合は無縁墓※とされ、使用権は消失することもあります。

Q 永代使用と永代供養の違いは？

A 永代使用は、お墓を永代にわたって使用すること。永代供養は、寺院や霊園が永代にわたり遺骨を管理・供養することです。ただし、永代供養といっても、三十三回忌や五十回忌など、一定期間が過ぎると合祀《ごうし》（骨壺からお骨を出して、ほかの人の遺骨といっしょに埋葬すること）されることがあります。

※ 無縁墓：継承する親族や縁故者のいなくなったお墓。

Q 樹木葬とはどういうものですか？

A 樹木葬は、墓石のかわりに樹木をシンボルとし、その周りにお骨を埋葬するものです。一般的なお墓は代々受け継いでいくものですが、樹木葬はお墓を継承する必要がありません。一般の永代供養墓と同じように、霊園が管理を行ってくれます。ご遺族の負担が少なく、お子さんのいないご夫婦や単身者にも安心です。

Q 散骨を考えています……

A 散骨については、国内では法律が未整備のため、独自で行うのは難しいでしょう。信頼できる業者とよく相談をしましょう。

Q 遺骨をそばに置いておきたいのですが……

A 大切な人が亡くなり、「離れたくない」「これからもそばで見守っていてほしい」という方が、遺骨の一部や遺灰を小さな容器に収めて自宅に置いておくことがあります。こうした供養の仕方を「手元供養」といいます。小さな容器だけでなく、中に遺灰を収めるスペースを設けた小さなジュエリーも、最近注目を集めています。

Q 遺骨の一部を手元に置いておくのに分骨証明書は必要ですか？

A 「分骨証明書」は、分骨に必要なものではなく、分骨して納骨するときに必要な書類です。ですから、分骨したお骨を手元に置いておくなら、分骨証明書は不要です。ただし将来、手元の遺骨をどこかに納骨するようなことがあれば、証明書が必要になってきます。分骨証明書は、火葬場で分骨するなら火葬場に、お墓で分骨するなら墓地の管理者に、発行してもらいます。

Q&A

お墓を建てる

Q お墓はいつまでに建てるものですか？

A すでにお墓をお持ちの方は、四十九日の法要に合わせて納骨する方が多いです。しかし、新たにお墓を建てるとなると、それまでに準備するのは難しいかもしれません。お墓はいつまでに建てて、いつまでに納骨しなければならないという決まりはありませんので、あわてて建てて後で後悔することのないよう、じっくり検討したいものです。そういう場合、新盆やお彼岸、一周忌や三回忌の法要を目安にお墓を建てる方が多いようです。

Q 経済的な事情から、しばらくお墓を建てられません。遺骨はどうしたらいいのでしょうか？

A お墓ができるまで、遺骨はご自宅の仏壇などに安置したり、霊園や寺院の一時預かりの納骨堂を利用する方法があります。

Q 最近、周りでおめでた続きです。こんな時には、お墓探しはしない方がいい？

A 生前にお墓を建てることを「寿陵《じゅりょう》」といい、縁起のよいこととされています。ですから、おめでた続きのときにお墓探しをされても、何も問題ありません。

Q 墓石には、どんな石材を選んだらいいのでしょう？

A 墓石には、美しく耐久性に優れた石を選びたいものですが、専門家でない限り、なかなかわからないものです。希望に合った墓石を選ぶには、実際に建てられ年月が経ったお墓を見ることです。可能な

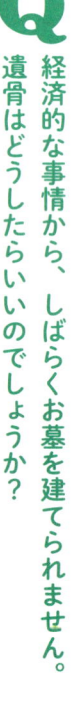

ら、お墓のことを相談している石材店に同行してもらうと、話がスムーズです。

Q 新しくお墓を建てたのですが何かしなければいけないことはありますか？

A お墓を建てたときには「開眼供養《かいげん》」という儀式を行います。宗派や地域によっては、「魂入れ」「お性《しょう》根《ね》入れ」「建碑《けんぴ》法要」などとも呼ばれています。納骨式といっしょに行う方も多いようです。

Q 墓石はどんな形にしてもいいのですか？

A 最近は、昔からよく見かける「和型墓石」のほかに、背が低く横長の「洋型墓石」や、オリジナルなデザインの墓石など、多様化していますが、寺院や霊園によっては墓石の形に規定が定められている場合もあります。事前に確認しておくことが必要です。

墓地購入にかかるおもな費用

永代使用料（墓地の使用料）	墓地を使用する権利を得るための費用。土地を購入するわけではないので、他人に譲渡することはできない。料金は、五〇万円程度から二〇〇万円以上までと、大きな幅がある。
墓石代（墓所工事代）	石材店に支払う費用。石碑・外柵・香炉などの石代金、加工代金、工事代金など。五〇万円程度のものから五〇〇万円以上のものまで、大きな幅がある。
年間管理料	墓所の経営主体や管理会社に支払う費用。敷地内の清掃など、墓所の維持・管理のために支払う。費用は数千円から数万円。

4 お墓・仏壇について

今のお墓に満足していますか？

お墓を持っているのに遠方でなかなか参ることができない。自分が死んでしまったらお墓を守ってくれる者がいなくなってしまう。お墓がすっかり傷んでしまった……など、今あるお墓についてのご質問も多く寄せられます。近年はとくに、「改葬《かいそう》」や「墓じまい」に関するご相談が多く寄せられます。これは、少子化や若い世代の都市部への流出などにより、お墓の継承者が減っていることが原因と考えられます。

しかし、改葬や墓じまいを考えるということは、ご先祖さまをないがしろにせず、敬意をもって対応しているということでもあります。もしも、お墓の管理ができないからといって放置しておけば、やがてお墓は「無縁墓」とみなされて、墓石は撤去され、遺骨は合祀墓で供養されることになるのです。ご先祖さまや大切な家族が眠るお墓です。知らなかった……では済まされない、疑問・質問にお答えします。

お墓の維持・管理について

Q 古いお墓をリフォームできますか？

はい、できます。例えば、専用の機材で墓石の表面を研磨し、光沢をよみがえらせたり、防水加工を施す、傾いてしまった墓石を元に戻す、耐震加工を施すなど、リフォームの内容はさまざまです。石材店に相談してみてください。

Q 墓石に数か所、どうしても落ちない汚れがあります。何か方法はありますか？

A 汚れの種類にもよりますが、水で落ちない汚れには墓石用洗剤をお試しください。墓石用洗剤は、石材店やネットショッピングなどで、一〇〇〇円ほどで購入できます。

Q お墓がいっぱいで、もう骨壺が入りません……

A 遺骨を骨袋に移したり、一つの骨壺にまとめてスペースを作る方法や、古いものから順に、骨壺から出して納骨棺※に散骨するなどの方法があります。寺院墓地なら寺院に、霊園ならお世話になっている石材店に相談してみてください。

Q 購入したお墓が不要になりました。どうしたらいいでしょうか？

A 使用しないお墓は、墓地の管理者に返還します。墓石があれば自費で撤去し更地《さらち》にする必要があります。また、購入時に支払った永代使用料は、戻ってこない場合がほとんどです。

Q 知人が墓を譲ってほしいと言っています。お墓の売買はできるのですか？

A 「お墓を買う」という言い方をしますが、お墓の土地は、買うのではなく、「その土地をお墓として使用する権利」を、使用料を払って得るものです。土地を所有したわけではないため、他人に売買することはできません。

※ 納骨棺：墓石の下にある、遺骨を納めるためのスペース。カロートともいう。

Q&A 改葬について

Q お寺のお墓です。私が死んで跡継ぎがいなくなったら、お墓はどうなりますか？

A 管理費などの支払いが滞ると、寺院は料金の督促をするか、「改葬」といって、ほかの墓地へ移動するよう勧告します。連絡がつかない、連絡ができても支払う意志が見られない場合は、数年後に合祀墓へ移動し、ほかのお骨といっしょに埋葬します。それまで使用していた墓地は、墓石を撤去して更地にし、新たに必要とされる方に提供されます。

Q お墓が遠方で、なかなか参れません。お墓を別の場所に移すことはできますか？

A お墓の引っ越しは「改葬」といって、お骨だけを移す場合と、墓石とお骨をいっしょに移す場合とがあります。お骨だけを移すなら、新しい墓所を探すか永代供養墓に納めるかを決めます。墓石とお骨をいっしょに移すなら、墓石の持ち込みが可能な墓所を確保します。

Q 古い土葬のお墓を改葬します。どうしたらいいのでしょうか？

A 閉眼供養後、石材店に墓石の撤去と掘り起こしを依頼します。掘り起こした遺骨は火葬場で火葬にしますが、遺骨がすでに土に還っていた場合には、周りの土を容器に納め、供養することもあります。火葬を行うには、現在のお墓がある市区町村の役場に「火葬許可証」を発行してもらう必要があります。改葬を申請する際に、火葬をすると伝えれば、改葬許可証といっしょに発行してもらえます。

一般的な改葬の流れ

新しい墓地	今の墓地の市区町村役所	今の墓地
新しいお墓を決める		
以下の書類を発行してもらう 「墓地使用許可証」 「受入証明書」		
石材店と契約し、墓石をつくる		
	「改葬許可申請書」を取り寄せる	
		「埋蔵証明書」を発行してもらう 「改葬許可申請書」に署名捺印してもらう
	以下の書類を提出する 「改葬許可申請書」 「埋蔵証明書」 「墓地使用許可証」 「受入証明書」	
	「改葬許可証」を発行してもらう	
		閉眼供養をする
		遺骨を取り出し、墓地を更地にして返還する
「改葬許可証」を提示する		
開眼供養をする		
納骨する		

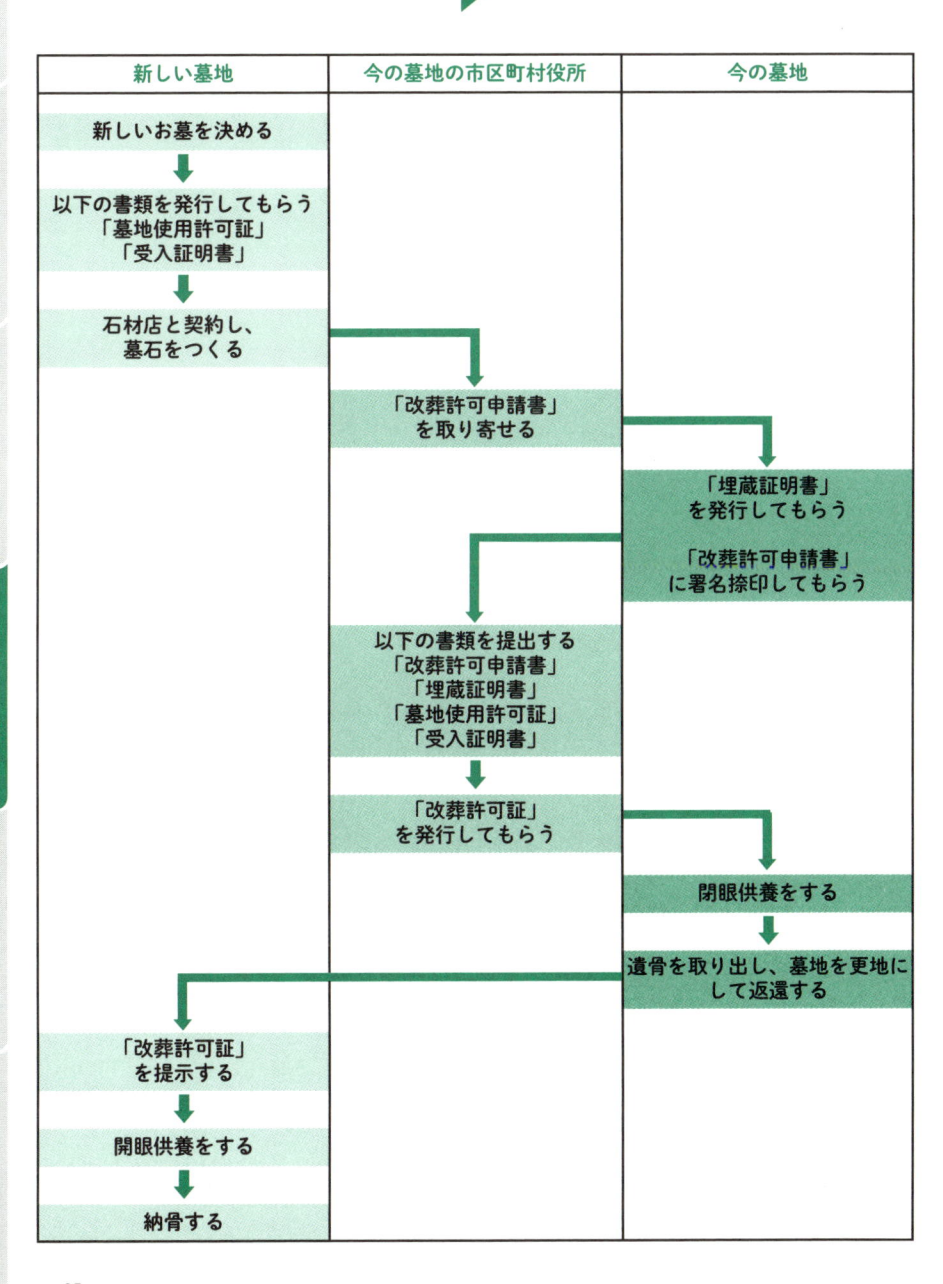

墓じまいと永代供養墓について

Q 「墓じまい」とは何ですか？　「改葬」とは違うのですか？

A 「改葬」とは今あるお墓の遺骨を、別のお墓に引っ越し、改めて埋葬をすること。「墓じまい」は今あるお墓から遺骨をすべて取り出して、その後使わなくなったお墓を更地に戻すことをいいます。取り出した遺骨は、一般墓所※や永代供養墓に埋葬するのが一般的です。最近では樹木葬を選ぶ方もいらっしゃいます。

Q 菩提寺にあるお墓を墓じまいします。お寺にはお礼は必要ですか？

A 墓じまいすることで今後寺院とのご縁がなくなる場合、これまでのお礼として、まとまった金額（お気持ちですので相場はありません。菩提寺にご相談ください）を包んで寺院にお渡しする方が多いようです。

Q 改葬をするにあたり、気を付けた方がいいことはありますか？

A 改葬をする際には、親族ともよく相談なさることです。例えば、相談をせずに両親の遺骨を別のお墓に改葬した場合、親類から苦情が出たり「お墓がなくなっている！　どういうことだ！」とトラブルに発展するケースも少なくないようです。必ず事前の相談が必要です。

Q 墓じまいをすると言ったら、親戚に「そんな罰当たりなことを！」と怒られました。実際、先祖の祟りとか、ありますか？

A 仏教には「亡くなった人が祟る」という考えはありませんし、無縁墓にしたくないとの思いから改葬をし、墓じまいをされるのですから、それはご先祖さまを大切に考えている証です。祟るとか、よく

※ 一般墓所：一つ一つの区画が外柵で区分けされている、伝統的なスタイルの墓所。

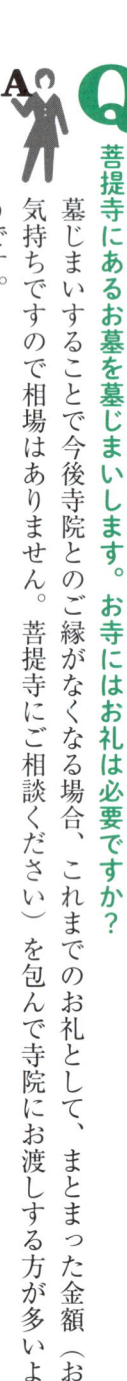

ないことが起きるとか、そういうことはございません。

Q 墓じまいをして遺骨を永代供養墓に埋葬しますが毎年管理費は支払うのですか？

A 「永代供養墓」とは、お墓をまもってくれる人がいなくても、お墓の管理者が永代にわたり、供養や管理をしてくれるお墓です。納骨するときに費用はかかりますが、それ以降は、年間管理費などの維持費はかからないのが一般的です。

Q やむなく墓じまいをしますが、父母の遺骨は永代供養墓に移そうと思います。ですが、合祀は嫌だという思いもあり、悩んでいます……

A 永代供養墓は、多くの場合「合祀」「合葬《がっそう》」といって、ほかの利用者といっしょに埋葬しますが、遺骨を個別に安置するタイプのものも、なかにはあります。また、一定期間個別に安置し、その期間が過ぎるとまとめられるタイプのものもあります。霊園の管理事務所に問い合わせてみてはいかがでしょうか。

Q 自分は永代供養墓に入りたいと思っていますが……

A ご自身では「自分のお墓なんていらない」と思っていても、ご家族はどうなのでしょう。お墓というものは、入る人のものであると同時に、残された家族が故人と向き合うことのできる唯一の場所です。誰もが後悔しないようなお墓選びをされることを、ご提案します。

Q 永代供養墓ではどんな供養をしてくれますか？

A 霊園にもよりますが、年に一回であったり、春秋のお彼岸などに、定期的に合同供養を行うことが多いようです。合同供養の有無や回数は、契約前に確認したほうがよいでしょう。

Q&A その他、よくある質問

Q お墓に故人が愛用していたカップを入れたいのですが……？

A お墓の納骨棺はお骨を入れるところですので、お骨以外のものを入れてもよいか、霊園なら管理事務所に、寺院ならご住職に確認されたほうがよいでしょう。

Q 管理費を支払っているのにお墓に雑草がたくさん生えています……

A 管理費は、墓所の共用部分の掃除や管理・運営に当てられる費用です。個々の墓石周りの草むしりや掃除は、ご自身で行うのが原則です。

Q ペット霊園に納骨してある愛犬の遺骨を自分たちのお墓に移したいのですが……

A まずペットの遺骨を一緒に入れられるかの確認が必要です。問題がないのであれば石材店に納骨を依頼します。

Q 古くなったお墓を建て替えたいと思っています。法的な手続きなどは必要ですか？

A もともとそこにあったお墓を建て替えるだけなら、役所などへ書類を提出する必要はありません。ただし、お墓を建て直すことができるのはお墓の名義人だけですので、もしも別の方が名義人になっているのであれば、名義変更をする必要があります。その後、「石材店で契約→今のお墓の閉眼供養《へいがん》→施工→引き渡し→開眼供養」という流れになります。

仏壇は〝家庭に設置する小さなお寺〟です

仏壇は、亡くなった親族やご先祖さまを祀《まつ》るものと考えている人は多いでしょう。もちろんそのとおりで、朝晩ご先祖さまに手を合わせて語りかけ、故人を弔い、自らを癒す。そんな心のよりどころであることに間違いはありません。

しかし、じつは仏壇は、寺院にある内陣《ないじん》（本堂にあって、ご本尊を安置するスペース）を小さく箱型にしたもので、いわば〝家庭の中の小さなお寺〟のようなものなのです。ですから、仏壇には仏具を飾り、各家庭が信仰する宗派のご本尊をお祀りするのです。

仏壇を購入する

生前に仏壇を買うのは縁起悪いですか？

仏壇は〝家庭に本尊を安置するための箱〟〝家庭の中の小さなお寺〟です。ですから、亡くなった人がいる・いないは関係なく、仏壇を購入してもよいと考えられています。

また、仏壇はご先祖さまとの〝語らいの場〟でもあるという考えから、代々のご先祖さまに手を合わせ、日々の出来事を報告するのはとてもよいことだと思います。ですから、誰も亡くなっていないうちに仏壇を購入するのは縁起が悪いということはございません。

Q 仏壇は宗派によって違いますか？

A 宗派によってご本尊や飾り方が異なります。仏壇を購入するときは、まずご自身の宗派を確認しましょう。宗派による違いなどをていねいに教えてくれる仏壇店を選ぶと安心です。

Q 無宗教です。仏壇は必要ですか？

A 特定の信仰をもたない方には、身近な人が亡くなり、「仏壇はいらないけれど、手を合わせて対話をする場所がほしい」という方も多くいらっしゃいます。なかには、仏壇を購入されてご本尊を安置しない方もいらっしゃいますし、また、お写真やお花、手元供養の小さな骨壺などを置くスペースをお部屋に設けて、手を合わせている方もいらっしゃいます。

Q 仏壇を置くのに正しい位置や方角などはありますか？

A 極楽浄土の方角（西）に向かって拝めるよう前面を東にむける「東面西座説《とうめんさいざ》」、釈迦が説法をするときに南を向いていたことから、仏壇のご本尊も南に向くよう設置する「南面北座説《なんめんほくざ》」などがありますが、決まりはありません。水回りや直射日光の当たる場所を避け、ご家族が静かにお参りできる場所に置くとよろしいかと思います。方角が気になるようでしたら、菩提寺や仏壇店に相談してみて下さい。

Q 仏壇を購入したら、「魂入れ」をすると聞きました。これはどういうものですか？

A 「魂入れ」は、「開眼供養」「お性根入れ」等とも呼ばれ、仏壇に祀るご本尊や位牌に魂を宿らせるために行う儀式です。通常は、菩提寺に依頼しますが、菩提寺がない場合は仏壇店などに紹介してもらいます。なお、浄土真宗では魂入れを行わないことが多いです。

位牌について

Q 仏壇を買い換えます。古い仏壇はどうしたらいいですか？

A 菩提寺か仏壇店に依頼して「魂抜き（閉眼供養）」を行います。こうすることで、仏壇は〝ただの入れ物〟に戻ります。その後、お焚き上げをして処分するのがていねいです。寺院にはお布施を差し上げます。仏壇店は有料の場合が多いですが、買い替えが決まっていたら無料で行ってくれることもあります。

Q 位牌はいつまでにつくるものですか？

A お葬式で使った白木の位牌は「仮位牌」です。通常、四十九日忌までに塗り又は唐木《からき》の「本位牌」を用意します。四十九日忌法要には両方の位牌を寺院に持参し、仮位牌は寺院に納めます。本位牌は開眼供養を行ってもらい、自宅の仏壇などに安置します。

Q 増えてしまった位牌を整理したいのですが……

A 整理をしたい位牌は、「〇〇家先祖代々之霊位」として一つの位牌にまとめることができます。もしくは、「回出《くりだし》位牌」といって、一つの位牌に複数の札板が入っている位牌に数名分まとめることも可能です。元の位牌は、お寺や仏壇店に依頼してお焚き上げをしてもらいます。供養は通常、菩提寺にお願いすることになりますが、菩提寺が遠方で出向くことが難しい場合は、菩提寺の住職に近くの寺院を紹介していただきます。菩提寺をお持ちでない場合は、仏壇店などに相談してみて下さい。

1 お葬式の種類と特徴
2 通夜・葬儀を執り行う
3 法要を営む
4 お墓・仏壇について
5 仏事のしきたりとマナー
6 通夜・葬儀・法要に参列する

お参りの作法

Q 戒名がなくても位牌はつくれますか?

A 無宗教で葬儀を行い、戒名がない場合でも、位牌をつくる方はいらっしゃいます。その場合は、故人のそのままの名前で位牌をつくることが多いようです。

Q 父の位牌が本家にあります。もう一つつくって自分の家でも供養したいのですが……

A 例えば、亡くなった両親の位牌を兄弟みんながそれぞれ持ち、自宅で供養することはよくあることです。「位牌分け」といいます。

Q 遺骨もないのに仏壇に手を合わせるのはなぜでしょうか?

A 仏壇は故人との対話の場であるとともに〝ご本尊を祀る小さなお寺〟でもあります。毎日ご本尊に手を合わせることで、亡くなった方への供養をすることになるのです。

Q ご飯は毎日お供えするものですか?

A いちばんよいのは、毎朝お水かお茶と、炊き立てのご飯をお供えすることですが、毎朝ごはんを炊かないご家庭もあります。その場合は故人の好物やご家族の朝食と同じものを供えるなど、できる範囲でされたらよいと思います。お供えしたものはある程度の時間で下げ、ご家族で召し上がってください。いただきものや季節の初物などは、まず仏壇に供えるようにしましょう。

Q 仏壇のお参りの仕方を教えてください

A ろうそくを灯して、お線香をあげ、鈴《りん》を鳴らして、手を合わせて拝みます。ご存じならば、ここでお経を唱えます。お参りは一日に何回という決まりはありません。何度でも手を合わせてください。

Q 仏壇には写真を入れないというのは本当ですか？

A 仏壇には写真を飾らないのが正式です。ただ、生前の姿をいつも見ていたい、写真がないと寂しいという方もたくさんいらっしゃいます。そのようなときは、仏壇の中に飾らずに、そのすぐ横に置いておいてはいかがでしょうか。

Q 仏壇の拝み方には、宗派による決まりなどありますか？

A 宗派によって、お線香の本数やあげ方などに違いがあります。例えば、浄土真宗ではお線香は香炉の中に寝かせて供えます。菩提寺の住職や、同じ宗派の寺院にたずねるとよいでしょう。

Q 引っ越しをします。仏壇もふつうに移動して大丈夫ですか？

A 御本尊と位牌はふくさなどにていねいに包み、ご自身で運びます。寺院や宗派によっては、仏壇の移動に際し、閉眼・開眼供養などのしきたりがある場合もあるので、寺院に確認してみましょう。

一般的な仏壇の飾り方

本尊　宗派によって異なる

掛軸（脇侍《わきじ》）　宗派によって異なる

位牌　向かって右が上座。年功序列で置いていく

仏飯器　ご飯は右側

茶湯器　お茶は左側

花瓶　左右に対で置くのが基本だが、一つだけの場合は左側に置く

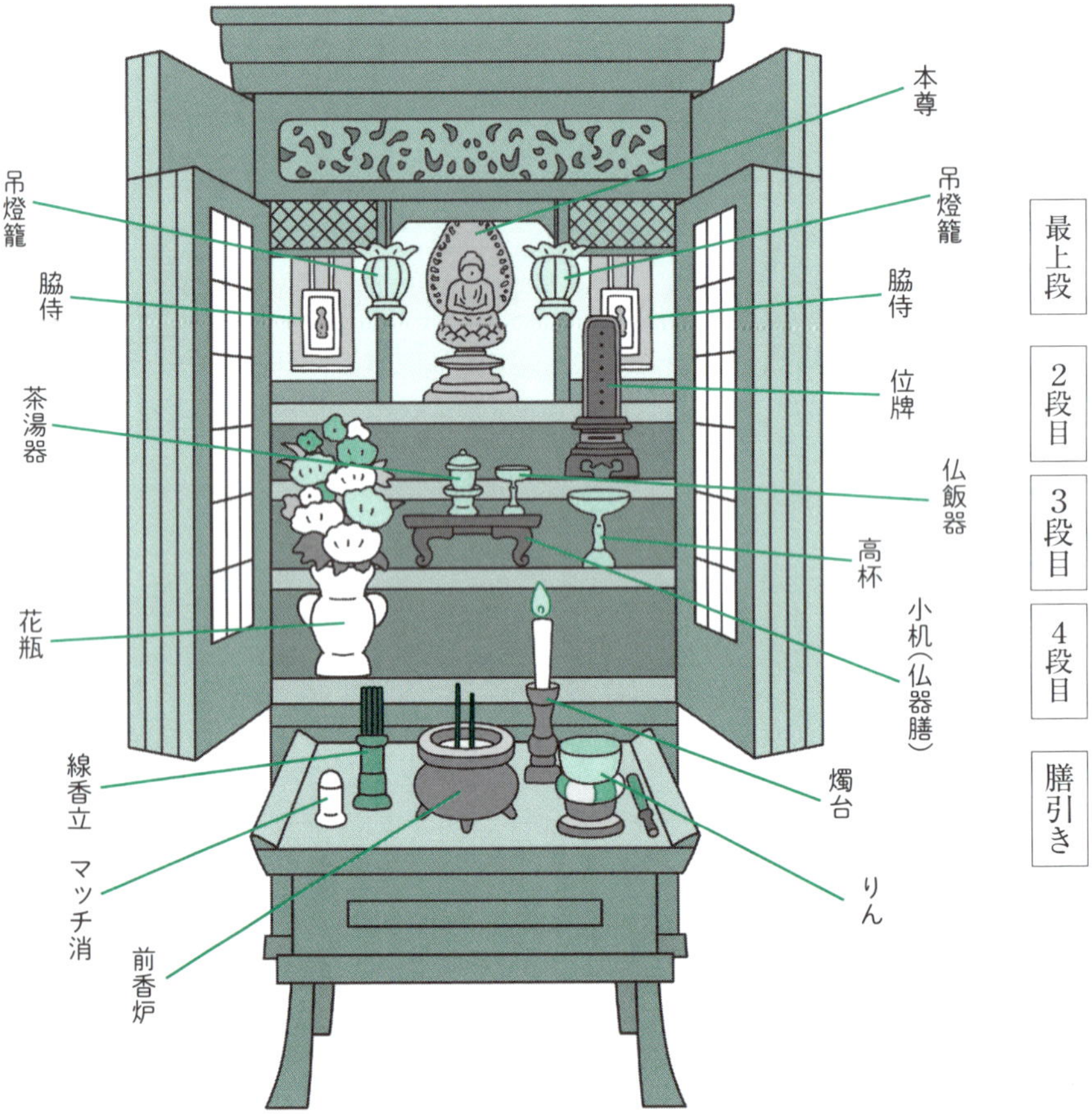

5

仏事の
しきたりとマナー

お盆は死者の霊を迎える古来の行事です

お盆とは、亡くなった人の霊が、生前に過ごした家に帰ってくるという日本古来の行事。その時期は地方によって異なりますが、おもに、八月十三～十六日、東京を中心とした都市部では七月十三～十六日に行われます。

十三日は「盆の入り」といって、精霊棚《しょうりょうだな》（盆棚）の前に灯りをともした盆提灯を置き、庭先でおがらを焚いて、霊が迷わず帰って来られるよう、目印とします。十四日、十五日は、霊が生前住んでいた家で、家族や子孫とともに過ごします。十六日は「盆の明け」といって、霊がふたたびあの世へと帰っていきます。この日は「送り火」を焚き、帰り道を照らして霊を送り出します。

このように、お盆はこの世とあの世が交じり合う神秘的な行事。ご先祖さまを思う気持ちとともに、いつまでも大切に受け継いでいきたいものです。

新盆について

父が六月十日に亡くなりました。今年は新盆ですか？

新盆は、四十九日忌が開けてから初めて迎えるお盆です。お盆までに四十九日忌が過ぎない場合は、次の年のお盆が新盆となります。ですから、七月がお盆なら四十九日忌が済んでいないので新盆は来年です。八月がお盆なら四十九日忌が済んでいるので今年が新盆です。

Q 四十九日忌は過ぎましたが、まだ遺骨が家にあります。それでも新盆は新盆ですか？

A 納骨が済んでいるかどうかにかかわらず、四十九日忌を過ぎてから最初のお盆が新盆です。

Q 母の新盆です。施主として、まずは何をしたらいいですか？

A お母様の霊を初めて迎えるお盆ですので、できれば僧侶に読経をしてもらいたいところです。読経には、寺院で合同で行われる法要に参加する場合と、「棚経《たなぎょう》」といって、僧侶に家に来ていただく場合とがあります。お盆の時期は僧侶はとても忙しいので、早めに連絡をして相談しましょう。

Q 新盆を迎えるにあたり、特別に用意するものはありますか？

A 通常のお盆の準備のほかに、新盆のときだけに使う「白紋天《しろもんてん》（白提灯）」を用意します。また、新盆にはご仏前を持ってお参りに来てくださる方が多いので、菓子折りなどの返礼品を用意しておきましょう。

Q 菩提寺ではない近所のお寺さんに棚経をお願いしたら断られました。そういうものなのですか？

A 多くの場合、檀家さん以外の依頼は受けていただけないのです。お葬式でお世話になった葬儀社に、新盆の棚経を頼める僧侶を紹介してもらえるか聞いてみてはいかがでしょうか。

Q お盆が終わったら、白紋天は処分しますか？

A 白紋天は新盆でしか使用しないので、新盆が終わったら処分するのが一般的です。昔は自宅の庭で焚いたり、川に流すなどして処分することもありましたが、今はこうした方法は難しくなっています。寺院に納めたり、紙などに包んでほかのゴミと分けて処分することが多くなっています。

新盆の準備の進め方

事前の手配

□寺院に棚経と卒塔婆を依頼する □白紋天（白提灯）・盆棚を準備する	棚経をお願いする場合は、早めに相談しましょう 新盆は、絵柄の入っていない白紋天（白提灯）を使用します

⬇

事前準備

□盆棚と盆提灯を組み立てる □お墓の掃除をする □返礼品を準備する	「霊に早く帰ってきてほしい」という思いから、月初めより盆提灯を飾ることもあります

⬇

7(8)月13日【迎え盆】

□盆棚に位牌を移し、お供えをする □迎え火 □お墓参り（地域による）	提灯を持ってお墓にお参りし、ご先祖様の霊をお迎えする地域もあります

⬇

7(8)月14日

□法要（棚経／寺院での合同供養など） □お参りの人の接待 □盆棚にお膳などをお供えする □お墓参り（地域による）	長崎の「精霊流し」、京都の「大文字」など、15日に霊を送りだす地域もあります

⬇

7(8)月15・16日【送り盆】

□送り火 □お墓参り（地域による）	新盆のときにだけ使用する白紋天は、霊を送りだしたあとに、お寺へ納めるなどをして処分します

盆棚の飾り方

「盆棚（精霊棚）」とは、お盆の期間にご先祖さまの霊をお迎えするための棚です。用意するものや飾り方は、宗派や地域によって異なりますが、一般的な例を紹介します。

飾り方

1. 棚（2～3段の棚や平机など）に真菰《まこも》を敷く
2. 棚の四隅に笹竹を立てる
3. 笹竹の上部を縄で結び結界をつくる
4. 縄や棚に飾り物をする

① **そうめん**	霊が帰るときの荷綱や手綱になるなど。
② **昆布**	喜びを表しているなど。
③ **ほおずき**	万灯《まんどう》提灯を表しているなど。
④ **生花**	故人が好きだった花など。トゲや毒を持つ花は避ける。
⑤ **精霊馬**	なすときゅうりにおがらを挿した牛馬。精霊の乗り物。
⑥ **水の子**	なすやきゅうりをさいの目に切ったものと米を混ぜて、清水を満たした器に入れる。施餓鬼《せがき》供養の意味をもつという説も。
⑦ **みそはぎの花**	漢字で書くと「禊萩」。悪霊を払うという説も。
⑧ **夏の野菜・果物**	「百味五果」といいます。季節の野菜や果物などをたくさんお供えします。故人の好物を供えてもよいでしょう。

Q&A

毎年のお盆の迎え方、過ごし方

Q 新盆以外の毎年のお盆でも盆棚は飾るものですか？

A はい。あの世からやってくる霊のために、盆棚はできれば毎年用意したいものです。そのほか盆提灯も飾りますが、新盆で使用した白紋天ではなく、毎年のお盆は絵柄の入ったものを使います。

Q 神道ですが、お盆はやってもいいものですか？

A お盆は仏教だけでなく日本古来の行事でもあるので、同じようにお迎えされて問題ありません。お盆の時期には祖霊舎《それいしゃ》を清めたり、季節の果物やお酒をお供えします。

Q 家が狭くて盆棚を飾るスペースがありません……

A ご家庭によっては、二段、三段の盆棚を飾るのは難しい場合もあります。そのようなときは、経机や折りたたみテーブルなど、ご家庭にあるものを活用されている方も多くいらっしゃいます。そこに真菰《まこも》を敷き、位牌や供物、なすの牛ときゅうりの馬などを飾ります。真菰が手に入らなければ、派手でない敷物を敷くだけでも問題ありません。

Q お盆の期間にお墓参りすることは非常識なのでしょうか？

A お盆の期間中はお墓には誰もいないと考えますので、その時期に参っても意味がないと言われることもあります。けれど、お墓参りに行ってはいけない日というものはございません。いつ行かれても、非常識ということもございません。お盆の時期、お墓に茂った夏草をきれいにすれば、ご先祖さまもさぞお喜びになるでしょう。

Q マンション住まいです。送り火や迎え火は、どうしたらいいでしょうか？

火気の使用が許されているベランダでしたら、火柱が大きくならないように、おがらを少なくするなどして送り火・迎え火をします。火気厳禁であったり、あまり広さのないベランダですと、ご近所に迷惑をかけることになるかもしれません。許可が得られれば、共有スペースの庭や屋外のエントランスなどで焚くとよいでしょう。

それでも火を焚くことが難しい場合は、盆提灯に灯りをともすことをもって迎え火・送り火とするとお考えになればよいかと思います。

Q お坊さんに来ていただくほどではないがお盆にはやはり供養をしたいと思っています……

お盆の時期には、多くの寺院で合同法要を行います。檀家以外でも受け付けてくれるところ、宗派を問わないところなどさまざまです。なかには、利用者を対象に合同法要を行う霊園もあります。

Q お盆の期間に結婚式を挙げてもいいですか？

お盆は故人の供養を優先する期間ですので、結婚式は避ける傾向にあるようです。とはいえ、その日がさまざまな条件にぴったりで、なおかつ両家のみなさんが納得していればよろしいのではないかと思います。

5 仏事のしきたりとマナー

お彼岸のいわれをご存じですか？

「暑さ寒さも彼岸まで」。これは、残暑も秋の彼岸のころにはやわらぎ、余寒も春の彼岸のころには薄らいでしのぎやすくなるという意味です。

この「彼岸」の中日を春分の日・秋分の日といいますが、この日はいずれも昼と夜の長さが同じ日。つまり、「太陽が真東から昇り真西に沈む日」ということです。

さて、話は変わりまして、仏教では、ご先祖様のいる極楽浄土の世界を「彼岸」といいます。そして、いま私たちが生きているこの世界を「此岸《しがん》」といいます。また彼岸は、こちらの世界から見て西方にあるとされています。

これらのことから、春分の日・秋分の日は「彼岸と此岸、あの世とこの世がもっとも通じやすくなる日」と考えられ、この時期を「お彼岸」と呼んで、ご先祖さまを供養するようになったのです。

お彼岸の期間は、三月の春分の日と九月の秋分の日の前後三日を合わせた七日間です。それぞれの初日を「彼岸の入り」、最終日を「彼岸の明け」、春分の日・秋分の日を「中日」といいます。

一般的には、お墓参りをして、故人やご先祖さまを供養し、寺院では「彼岸会《ひがんえ》」と呼ばれる法要を行い死者の供養をします。

Q&A

お彼岸の過ごし方

Q 一月に家族が亡くなり、初めてのお彼岸を迎えます。特別にすることはありますか？

A ご家族が亡くなって初めてのお盆では、白い提灯を飾るなどの特別の供養をするものですが、お彼岸に関しましてはいつもどおりのお彼岸の過ごし方でかまいません。

仏壇やお墓をきれいにしてお供え物を捧げ、寺院との付き合いがあれば「彼岸会」という法要に参加します。

Q お彼岸には何をお供えすればいいですか？

A お花やくだもの、ぼたもち（おはぎ）や故人の好きだったもの、また、精進料理をお供えする習慣もあります。お花の種類に決まりはありませんが、トゲのあるものや香りの強いもの、毒のある花は避けるのが一般的です。

Q ぼたもちとおはぎは何が違うのですか？

A 春のお彼岸には「ぼたもち」を、秋のお彼岸には「おはぎ」をお供えしますが、両者はじつは同じものです。どちらも季節の花の名前にちなんで名付けられたもので、春は牡丹《ぼたん》の花にちなんで「ぼたもち」、秋は萩《はぎ》の花にちなんで「おはぎ」と呼ばれています。

Q 仏壇にお供えしたものは食べてもいいのでしょうか？

A お供え物は、家族のみなさんで召し上がることが供養となりますので、傷まないうちに召し上がってください。

Q この時期になると、お寺から施餓鬼法要のお知らせがきます。これは何の法要ですか？

A お彼岸やお盆が近くなると、檀家には菩提寺から「施餓鬼《せがき》法要」の案内が届きます。施餓鬼とは、餓鬼に施しをすること。餓鬼とは、生前の行いによって、死後、餓鬼道に堕ち、飢えと渇きに苦しんでいる者たちのことです。この餓鬼にお供え物をしたり、お経を唱えて供養することで、自らの徳を積むことになるのです。施餓鬼法要に参加する際には「お布施」を用意します。また、法要といっても寺院の年中行事の一つですので、喪服でなくてもかまいません。

Q 彼岸会の法要に参加します。お寺には何をもって行きますか？

A 「お布施」「御供養」の表書きでお金を包むか、御供物を持参します。御供物の表書きは「御供物」「御供」とします。

Q お彼岸で、お墓参り以外に何かできる供養などありますか？

A お彼岸のときばかりではありませんが、卒塔婆《そとうば》供養というものがあります。卒塔婆供養とは、細長い木の板に、経文や題目などを書いてお墓に立て、追善《ついぜん》供養をすることです。追善供養とは、生きている人の善行が故人の善行になるという考えで、なかでも卒塔婆供養はとても尊いこととされています。卒塔婆の金額は寺院ごとに決まっています。「御塔婆料」としてお渡しします。

Q 彼岸会には参加しませんが、この時期、お寺に何か持参した方がいいものでしょうか？

A お墓参りのごあいさつということなら、手土産としてお菓子などをお持ちになってはいかがでしょうか。人によってはお布施をお渡しする方もいらっしゃいます。また、ご本尊にお供えするお供物を持って行かれる方もいらっしゃいます。

Q お彼岸のお参りに来てくれた友人から、ご仏前とお供え物をいただきました。お返しはやっぱり必要ですか？

当日にご用意がなかったのであれば、後日、負担にならない程度の品物でお返しをしたほうがよろしいかと思います。

Q 実家にお参りに行きたいのですが、どうしても行けません。どうしたらいいでしょう？

ご自宅のお仏壇に故人の好きだったものをお供えして、ご供養されてはいかがでしょうか。そのあとで、多少時期がずれてしまったとしても、時間を調整してお参りに行かれたら、ご先祖さまもご実家のみなさまも喜ばれることでしょう。

Q お彼岸中にお祝い事をするのはよくないことですか？

よくないとか、罰が当たるとか、そういったことはございませんが、お彼岸は亡くなった方を偲び、供養する期間です。少しでも気にかかるようなら、お祝い事の時期を少しずらして行うというのはいかがでしょうか。

お墓参りをすると、なぜか心が穏やかになります

お墓参りをしたあとに、「行かなければよかった」と後悔したことがありますか？　おそらく、だれ一人、そんなふうに思ったことはないでしょう。むしろ、すがすがしい気持ちになり、なぜか心が穏やかになったと感じるのではないでしょうか。

また、家庭の雰囲気がよくなったとか、友だちとの関係がよくなったといった声もよく聞かれます。それは、無意識のうちにご先祖さまとのつながりを感じ、自分たちを見守ってくださっているという安心感からくるのではないでしょうか。

理由はわかりませんが、お墓参りには、なぜだか私たちを幸せにするパワーがあるように思えてなりません。

私たち日本人には、命日やお盆、お彼岸にお墓参りをする習慣がありますが、お墓参りをするタイミングに決まりはありません。ご先祖さまや故人に会いたいと思ったとき、話がしたくなったとき、そろそろ草むしりをした方がいいかな、お花は枯れていないかな……そんなふうに思ったら、どうぞ、お墓参りをしてください。

ご先祖さまは、いつでもみなさんを待っています。

Q&A

お墓参りのマナー

Q お墓参りはどういう手順で行いますか？

A はじめに墓前で合掌し、枯れ葉などのゴミや雑草を抜いて敷地内の掃除をします。水を含ませたスポンジやタオルで、墓石を優しく洗い、花立の水を換えて、花を生けます。水鉢（墓石中央のくぼみ部分）にはきれいな水を入れます。お供え物を置いて、お線香をあげ、合掌します。お参りが終わったら、お供え物は持ち帰るようにしましょう。そのままにしておくと、カラスなどが食べ散らかしてしまいます。

Q 友引や仏滅にお墓参りをしてはいけませんか？

A 友引や仏滅というのは、中国の占いの一つである六曜からきているもので、仏事とは関係ありません。お墓参りに行かれるのも問題ありません。

Q 親戚の納骨式のついでに自分の家のお墓参りをするのはだめですか？

A 昔から「ついで参り」といって、何かのついでにお墓参りをするのはよくないとされています。ご先祖さまに失礼だからという理由なのでしょう。しかし、墓前に手を合わせることは尊いこと。心を込めてお参りされれば、ついでということにはならないと思います。

Q 友人のお墓参りに行くのに、気を付けることはありますか？

A ご家族に、お墓参りに行っても大丈夫かとうかがってからがよいと思います。ご自宅にうかがうなら、御仏前か、故人の好きだったお菓子などを持参するとよいでしょう。

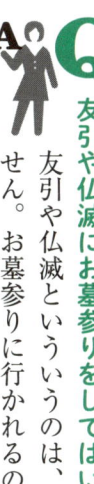

喪中は死を悼み、身を慎む期間です

喪中とは、故人を偲び、慎ましい生活を送る期間です。昔は、喪中の期間は喪服を着て外出をしたり、なかには、遺族は一年間他人と会わないという家もあったそうです。

現代でも、おめでたいことや派手な行動を慎んだり、新年のお祝いなどを控えたりすることが一般的です。けれど、喪中はただ故人の弔いに専念して過ごす期間というだけでなく、「遺族が悲しみを乗り越えて、平常に戻るための期間、立ち直るための期間」ととらえられることが多くなりつつあります。

喪中の期間をどう過ごす？

Q 喪中の期間はお中元・お歳暮は控えますか？

喪中は、お祝い事に関わることは避けた方がよいとされる期間です。お中元・お歳暮は、日頃お世話になっている方への感謝の意味で贈るものなので、いつものようにされて問題ありません。ただ、なかには気にする方もいらっしゃいますので、四十九日忌が済んでから、水引をかけずに贈るのが無難かと思います。

Q 忌中というのは何ですか？喪中とは違うのですか？

A 忌中《きちゅう》とは、死の穢《けが》れをほかの人にうつさないように身を慎む期間で、忌明けの四十九日までを忌中といいます。仏教には死を穢れとする考え方はありませんが、死を穢れとする神道の考えから生まれたものです。

いっぽう喪中は、故人を偲び、慎ましい生活を送る期間のことで、故人との関係の深さで期間は異なります。114頁の一覧表を参考にしてください。

Q 喪中のあいだは、結婚式は控えるべきですか？

A ご家族が亡くなられた場合、結婚式は延期にするケースが多いようですが、すでに会場を予約していたり、招待状を出している場合もあります。またお相手の立場もありますし、一律にこうした方がいいと言うのは難しいのです。ご両家でよく話し合ってみてください。

Q 私の結婚式を心待ちにしていた祖母が亡くなりました。まだ喪が明けていませんが、式を挙げてもいいでしょうか？

A そのような場合には、故人の供養にもなると考えて、予定どおり式を挙げることを選ぶ方もいらっしゃいます。その際は、事前にご両家の親戚に伝えておくことが必要です。また、当日は司会者にそのことに触れてもらうようにしたり、故人のお席を用意して、お二人を見守っていただく故人への感謝の気持ちを表すとよいかもしれません。

Q 喪中の期間に婚姻届けを提出するのは控えるべきですか？

A 婚姻届けの提出は書類上のことなので、喪中でも問題はありません。当事者とそのご家族に異存がなければ、大丈夫です。

Q お正月飾りやお年玉、お節料理などは、どうしたらいいですか？

A 喪中のお正月は「おめでとう」という言葉や、鏡餅、門松などの正月飾りは避けるのがならわしです。

お年玉も控えた方がよいのですが、お子さまたちにとっては年に一度の楽しみです。「おもちゃ代」「文房具代」などの表書きでお渡ししてはどうでしょう。

お節料理はお重に詰めず、お皿に盛っていつものお食事のように召し上がる分には差し支えないかと存じます。

Q 「明けましておめでとう」と言われたら何と返せばいいのでしょうか？

A 極力「おめでとう」という言葉を避け、「昨年はお世話になりました。本年もよろしくお願いします」とお返ししてはいかがでしょう。相手が故人と面識がなく、ご自身に抵抗がなければ、「明けましておめでとう」と返してもよいと思います。

Q お正月にお墓参りに行くのはおかしいですか？

A 喪中ですから、初詣の目的で寺院に行くのは慎みますが、お墓の初参りは喪中だからこそ行っていただきたいと思います。できればお墓のお掃除は、年末のうちに済ませておきたいものです。ただ、お正月の寺院は初詣の参拝客で賑わっています。まだそのような賑やかな場所に出向くのはつらいというような場合は、無理をせず、松の内が明けてから行かれては……と、アドバイスをしています。

Q 喪中ですが、子どもの成人式のお祝いをしてもいいものでしょうか？

A 成人式のほか、卒業や入学のお祝いをしてもいいものかと悩まれる方がたくさんいらっしゃいます。

いずれも、本来ならば慎みたい祝い事の一つではありますが、一生に一度のことです。気持ちよく祝ってあげてよろしいのではないでしょうか。成人式の式典も、出席させてあげてよいと思います。気になるようでしたら、お祝いの宴席などは大々的に設けずに、家族だけで内輪でされてはいかがでしょう。

Q 喪中ですが、七五三に神社でお参りしてもいいですか？

A 忌中（神道では五十日祭が済むまで）を過ぎていればよいという神社もありますし、そうでない神社もありますので、問い合わせてみてください。

Q 喪中の期間に、氏神様のお祭りに参加してもよいでしょうか？

A 慎んだ方がよいとされていますが、五十日祭が過ぎていれば参加してもよいという神社もあります。

Q 新年に、神棚のお札やしめ縄を新しくしたいのですが……？

A 五十日祭が済み忌中を終えていれば、交換しても構いませんが、忌明け前で神棚封じをしてい

喪中の期間の目安

故人の続柄	忌日の期間	喪中の期間
父母	50日	13か月
夫	30日	13か月
妻	20日	90日
長男	20日	90日
その他の子	10日	90日
兄弟姉妹	20日	90日
祖父母（父方）	30日	150日
祖父母（母方）	30日	90日
おじ・おば	20日	90日
夫の父母	30日	150日
妻の父母	なし	なし

明治７年に定められた「太政官布告」によって定められた忌中・喪中の期間です。この法令は撤廃され、現代では四十九日までが忌中、一周忌までが喪中とするのが一般的ですが、一つの目安として、参考にされています。

る状態なら、いっさい手を入れないようにします。忌明けを待って取り替えましょう。
ただ、しめ縄や破魔矢は年末の時期しか手に入らないので、準備をしておき、時期がくるまで保管しておくというのはいかがでしょうか。

Q&A 年賀欠礼・喪中葉書について

Q 喪中はがきはいつまでに出すのですか？

A 皆さん十二月初め頃から年賀状の用意を始めますので、それまでに届くように手配します。

Q 十二月に入ってから父が亡くなりました。今からでも喪中はがきを出すべきですか？

A すでに年賀状の準備をしている方もいらっしゃるでしょう。もちろん年賀状は出しませんが、喪中はがきも出さずにおいて、年賀状が届いたら「寒中見舞い」として、年賀状のお礼とともに、お父さまが亡くなったことをお知らせするようにしてはいかがでしょうか。

Q 喪中はがきを出したところ、お悔やみの手紙がきました。返事は必要ですか？

A 喪中ハガキへのお返事なので、とくにお返事は必要ありません。

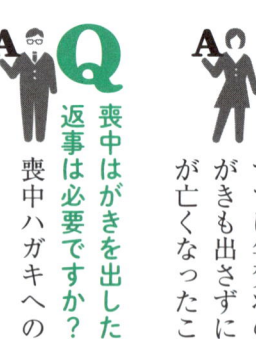

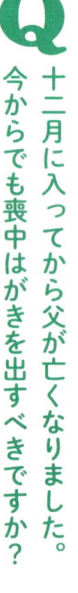

喪中の人に対する接し方は？

Q 年賀欠礼をメールで知らせてもいいですか？

A 親しい間柄でも、喪中のあいさつははがきで出すのがマナーです。

Q 喪中のお宅にお中元やお歳暮を贈ってもいいですか？

A お中元やお歳暮は日頃の感謝のお気持ちを贈るものですので、喪中とは関係ございません。ただ、相手さまが四十九日忌前でしたら、紅白ののしではなく、白無地の短冊で「お中元」「お歳暮」と書いて贈られるか、時期をずらしてお中元は「暑中御見舞い」「残暑お見舞い」、お歳暮は「寒中お伺い」「寒中御見舞い」などの表書きでお贈りするとよいかと思います。

Q 年賀状を出したあとに、相手が喪中であることを知りました。どうしたらいいでしょうか？

A すぐにお詫びとお悔やみの手紙を送ります。

「〇〇様ご逝去の悲報に大変驚いております。存じ上げなかったとはいえ、悲しみのさなかにいらっしゃる方に、賀状を出してしまい、申し訳ありませんでした。遅ればせながら、故人様のご冥福を心よりお祈り申し上げます。ご家族の皆様におかれましては、お悲しみもひとしおとお察しいたしますが、厳寒の折、くれぐれもご自愛くださいますよう、お祈り申し上げます」

Q 喪中はがきをいただきました。何かした方がよいのでしょうか？

喪中はがきで初めてご不幸を知った場合は、お悔やみの言葉とご不幸を知らずにいた失礼をお詫びする手紙を出します。

お葬式などですでに弔問を済ませていれば、返信の必要はありませんが、寂しい年末年始を迎えることを考えて、相手さまを気づかう手紙など出されてはいかがでしょうか。

Q 現在喪中の親友に結婚式の招待状を出してもいいでしょうか？

本来なら晴れやかなことは控えるところですが、四十九日忌が過ぎ、ご本人の心の整理がついていらっしゃるなら、結婚式にお誘いしてみてもよいと思います。親しい間柄のようですので、まずは電話やメールなどで、お気持ちを確認してみてはいかがでしょう。

Q 形見分けの申し出をいただきました。受けた方がいいのですか？　断った方がいいのですか？

形見分けは、基本的には受けるようにします。お断りする場合は、「そのような大切なものを分けていただけるなんて恐縮です。ですが、見ると○○さんのことを思い出してつらいので、お気持ちだけありがたく頂戴したいと思います」など、ご遺族の気持ちを傷つけないよう配慮します。

6

通夜・葬儀・法要に参列する

通夜・葬儀に参列するときのマナー

親戚や親しい友人の、危篤・死亡の連絡。驚きと悲しみで、頭の中は真っ白になってしまうものです。とりあえず駆け付けたい。ご家族の力になりたい。でも、いったい何から手をつけたらいいの？　どのように接したらいいの？　―哀しいお知らせは、たいてい突然やってきます。そのときになって慌てないよう、最低限の準備とマナーだけは、身につけておきたいものです。

Q&A

訃報を受けた際のマナー

Q 訃報の連絡を直接もらった場合

A ご遺族が直接連絡するのはかなり親しい関係で、すぐにでも駆けつけてほしい場合です。連絡を受けた側も冷静な気持ちではいられないと思いますが、まずはお悔やみの言葉を伝え、弔問に伺ってよいかを確認してから駆けつけるようにします。また、「何かお手伝いできることはありますか」などと申し出るとよいでしょう。

Q 親しい人の訃報を知人から聞いた場合

A 通夜の前はご遺族も混乱していることが多いため、弔問は控えたほうがよいでしょう。とくに「急死」や「死因が不明」「子どもさんやお若い方が亡くなられた」の場合には注意が必要です。そんなときほど駆けつけたい衝動にかられますが、ご遺族も悲嘆と混乱の中におられます。

Q 通夜や葬儀の連絡がない場合

A 近年では、家族葬を行う家庭が多くなりました。このため通夜や葬儀の案内がなく、どうしてよいかわからないという方も増えているようです。このような場合は、知り合いの方などに、弔問を辞退されているのかを確認して、辞退されているなら弔問は控えるべきです。過去にご自身の家の葬儀に香典や弔問をいただいている場合は、葬儀後二～三週間過ぎて落ち着いたころ、または四十九日忌法要が近づいたころに弔問に行ったり、お香典・お供物を贈ってもよいでしょう。

Q 訃報を聞いたら、やはりすぐにかけつけるべきですか？

A 訃報を聞いた後の対応は、故人との関係によって異なります。

【親族・親しい友人】納棺前に最後のお別れをしたい場合は、なるべく早く駆けつけます。

【近所の方】親しくしていた方なら通夜前に弔問し、お手伝いを申し出ます。

【一般的な友人・知人】通夜か葬儀・告別式に参列します。

【会社関係の方】会社の慣例にしたがいます。親しくしていた方なら個人的に参列します。

Q 通夜前に弔問する場合

A 【服装】派手な服でなければ普段着で構いません。女性は化粧を抑え、装飾品も外します。

【香典】香典は持参しませんが、※枕花《まくらばな》を用意する方はいらっしゃいます。

【振る舞い】ご遺族に対してお悔やみの言葉を述べます。故人の死に関して詳しく聞くことは控え、長居しないのがマナーです。ご遺族から「一緒にいてほしい」と要望があったときは、可能なかぎり、意に沿うようしましょう。

※ 枕花：納棺する前の、故人の枕もとに供える花。

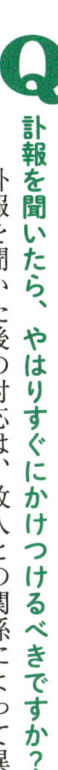

Q 故人との対面をすすめられたら、応じないといけませんか？

A ご遺族がすすめてくれたお気持ちを受け取り、対面します。気持ちの整理がつかないときは素直にそれを伝え、丁重にお断りします。対面するときは、故人の前で手を合わせて一礼し、お別れします。最後に「ありがとうございました」とご遺族にお礼を言います。

Q&A 香典はどうする？

Q 香典はやはり奇数じゃないといけないのですか？

A 特に奇数でなければいけないという決まりはありません。ただし二は「たびたび」「ふたたび」、四は「死」を連想するなどの理由から、偶数を避ける方もいらっしゃいます。例えば、二万円を包む場合に、「一万円札を一枚、五〇〇〇円札を二枚」の三枚にする方もいらっしゃいます。

Q 香典の内袋にお札を入れるとき、お札は裏にして入れますか？

A とくに決まりはありません。裏でも表でも差し支えありません。ただ、そのようにする方も多くいらっしゃるので、お札を裏にしてご用意してもよろしいと思います。

Q 連名で香典を渡す場合、金額が半端になるのは避けるべきですか？また名前はどう書きますか？

A 香典は半端な額でもかまいません。しかしそのようなときは、立場の上の人が少し多めに出し、切りのよい金額にする場合もあるようです。

また名前は、二～三名なら連名で書きます。それ以上なら代表者の名前と、左側に少し小さく「他一

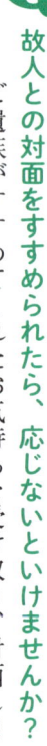

同」と書きます。その場合、別の紙に全員の名前を書き、中袋に入れます。

Q お通夜と告別式の両方に参列しますが、香典はいつ渡せばいいですか？

A お通夜で渡すことが多いです。告別式では記帳だけでかまいません。

Q 香典を辞退されているときには、どうすればいいでしょう？

A 弔意を表したい場合、お悔やみの手紙や弔電、お花などを送るとよいでしょう。

Q&A 供物・供花はどうする？

Q 供物、供花はどのような場合に贈るものですか？

A 霊前に供える品物を供物、花を供花といいます。故人の霊を慰めるためのもので、家族や親族が贈るのが一般的です。親交の深かった人や、会社や友人一同で贈ることもあります。

Q 供物、供花を贈るときは、どこに依頼するのですか？

まずはご遺族に連絡し、供物や供花を贈りたい意思を伝えます。

香典の相場

自分の両親	5～10万円
兄弟姉妹／その配偶者	3～5万円
祖父母	1～3万円
叔父叔母／いとこ／甥姪	1～3万円
嫁の実家／娘の嫁ぎ先	先方の両親：3～5万円／先方の祖父母：1～3万円
ご近所の方	5000～1万円
会社関係	5000～1万円

申し出を受け入れてもらえたら、指定された葬儀社などを通して依頼します。

Q 「御厚志辞退」とあった場合、供物や供花は贈らない方がよいですか?

A ご辞退という意思を示されているので、供物や供花、香典は控えた方がよいでしょう。なお、後日、弔問する場合は、お花や香典をお持ちしてもよいでしょう。

Q 供花を好きな花屋さんに依頼してもよいですか?

A 勝手に手配するのは避けましょう。祭壇の統一感が出なくなる、などの理由から、持ち込みをお断りしている斎場もありますので、必ず葬儀社に確認をしましょう。好きな花屋さんに頼みたいなら、葬儀のときではなく、後日、ご自宅に贈るのもよいでしょう。

Q 供物とは、どんなものを贈りますか?

A 缶詰やお菓子、酒、線香やろうそくが一般的です。故人の好物を用意する人もいます。ただし、宗教によりタブーのものもあるため、ご遺族や葬儀社に確認するとよいでしょう。

Q 供物や供花を贈るときは、香典は不要ですか?

A 供物、供花だけということはあまりなく、香典に加えて贈るのが一般的です。

Q 供物、供花の金額の目安は?

A 供物は一万~二万円、供花は一基につき一万~二万円が目安です。予算が決まっている場合は、その範囲内で作ってもらうよう相談してみるとよいでしょう。

通夜に参列する際のマナー

Q 供物や供花はいつまでに贈ればよいですか？

A お通夜、葬儀が始まる数時間前までには届くように手配します。間に合いそうにない場合は、葬儀後、ご自宅に贈るように手配されるとよいでしょう。

Q 実姉の葬儀に供花を出す場合、私の名ではなく、主人の名前にしないとおかしいですか？

A 「その家から出す」のが一般的なため、ご主人のお名前で出すとよいでしょう。しかし、ご夫婦で連名にされる方や、ご夫婦で別々に二基出す方もいらっしゃいます。

Q 神式やキリスト教式の葬儀の供物は？

A 神式では線香類は使わないため、お菓子や果物、お酒などを贈ります。また、キリスト教式では、供物に相当するものはなく、白い花を使った供花だけを贈ります。

Q お通夜には、どんな意味があるのですか？

A 本来、お通夜は、遺族や親戚、親しい友人などが集い、故人のそばで夜通し過ごす儀式です。遺族は夜を徹して、線香や灯明の火を絶やさないようにしながら、故人との別れを惜しみ、冥福を祈ります。現在は、夕方から夜にかけて、一般の弔問客を迎えて「通夜」の儀式を行うことが多くなりました。

Q 故人との対面で気を付けることは？

故人との親交が深かった方は、ひと目顔を見てお別れしたいと思うのではないでしょうか。気を付けたいのは、そのときには、かならず遺族に断り、許可を得てからにすることです。

Q　仮通夜と本通夜、どちらに弔問すべきですか？

A　地域や状況にもよりますが、仮通夜は故人が亡くなった夜、本通夜はその翌日または葬儀の前日に行われます。仮通夜と本通夜がある場合、近親者でない方は本通夜に弔問することが多いようです。

Q　通夜ぶるまいは応じたほうがよいですか？

A　通夜ぶるまいは、故人との最後の食事であり、供養のひとつです。また、お清めや弔問へのお礼の意味もあります。このため、ご遺族や葬儀社の方から勧められたら、できるだけ応じるようにしましょう。短い時間でもよいので臨席し、用意された食事や飲み物をいただきます。

Q　ご遺族と話をしてもよいものでしょうか？

A　状況にもよりますが、長々と話し込むのは控えたいものです。ご遺族は多くの弔問客と平等に接します。相手の時間を独占しないよう、お悔やみの言葉を簡潔に伝える程度にします。

Q　代理人として参列する場合はどうする？

A　依頼者の名前を記帳し、下に小さく「代理〇〇」と自分の名を書きます（妻の場合は「内」と記す）。自身も参列者である場合は、二人の名前を別々に記帳し、香典も二つ渡します。

Q　通夜に遅れて参列してもよいですか？

A　通夜が行われている時間内なら問題ありません。読経がすでに終わっていたら、焼香だけ行います。故人との関係にもよりますが、閉式後はご遺族も疲れているため、参列は控えましょう。

Q 通夜と告別式の両方に参列すべきですか？

A 両方に参列できるなら行かれるのが望ましいのですが、現代では、都合がつきやすいほうへ参列する方が多くなっているようです。

Q 娘の嫁ぎ先の祖父が亡くなりました。嫁の親として、通夜から参列すべきですか？

A 両家の関係や状況にもよりますが、両日の参列が難しいようなら、告別式だけの参列でよいと思います。なお、香典の目安は一万～三万円程度です。

Q 訃報を聞いたら、参列しなくてはいけませんか？

A ご自身で決めることですが、故人や遺族との関係が薄いなら、参列する必要はありません。香典やお悔やみの手紙をお送りする方法もあります。

葬儀・告別式に参列する際のマナー

Q 葬儀に参列する際の基本的なマナーは？

A 故人との最後のお別れの儀式ですから、しめやかな雰囲気で行われます。バタバタと慌てぬよう、開始の十分くらい前までには受付をすませ、着席するようにしましょう。もちろん、大きな話し声も慎みます。

携帯電話やスマートフォンは、電源を切るかマナーモードにします。僧侶の読経中は退出しないようにしましょう。

Q 式の最後までいるべきですか？

A 焼香が終わったら退出してもかまいません。しかし可能なら、出棺まで立ち合いたいものです。出棺の際は、手を合わせ、心をこめて故人のご冥福を祈り、静かに見送ります。

Q 仏式、神式、キリスト教式、お葬式は作法が違うのですか？

A 仏式の焼香は宗派によって作法が違いますが、喪主の焼香にならうとよいでしょう。神式は仏式とほとんど同じですが、神式では焼香の代わりに玉串奉奠を行います（25頁参照）。キリスト教式では、讃美歌を歌い、祈りを神に奉げ、献花をします。

Q 火葬場へは同行したほうがよいのですか？

A 基本的に一般の参列者は火葬場には行かず、葬儀・告別式のみで帰られても失礼ではありません。しかしご遺族から「ぜひ同行してほしい」と依頼されたら、よほどの事情がないかぎり応えるようにしましょう。火葬場では食事をふるまわれることもあるので、先方のお誘いがあってから、というのがマナーです。

たとえば、娘婿の祖父母が亡くなった、というような場合は、お声をかけられたら同行する、という心づもりでいればよいと思います。

Q 祖母が亡くなりました。小さい子どもも参列させても構いませんか？

A 何親等まで参列する、という決まりはありません。式に出ても大丈夫な様子でしたら、参列されてはいかがでしょう。ご祖母様もお喜びになるでしょう。ちなみに、妊婦がお葬式に出てはいけないと思っている方がおられますが、そんなことはありません。母体と赤ちゃんへの負担も考慮し、無理がないようなら参列されるとよいでしょう。

Q 遠方の叔父の葬儀に参列すべきでしょうか？

A あまり付き合いがないなら、無理に参列しなくてよいと思います。近くに参列する人がいらっしゃれば香典を託したり、弔電、供花などを贈ってはいかがでしょう。

Q 葬儀と結婚式が重なった場合、どうしたらよいですか？

A お別れは一度きりなので、基本的には弔事を優先させますが、決まりはありません。親交の度合いなどで判断されたらよいと思います。

Q 葬儀が終わり家に帰ってきました。お塩を掛けなかったのですが、大丈夫でしょうか？

A お清めのために塩をかける習慣がありますが、仏教では死を〝穢《けが》れ〟としないので、お塩は必要ありません。ただし、神式では死を穢れとするので、お清めをする意味がございます。

知って安心!

お悔やみの言葉

【覚えておきたいお悔やみの言葉】「この度は誠にご愁傷様でございます」「心よりお悔やみ申し上げます」また、遺族の方などには「心中、お察しします」と、寄り添う言葉を。

【香典を渡すときの言葉】「誠にご愁傷さまでございます。どうぞお供えください」

【会葬御礼などを受け取るときの言葉】「恐れ入ります」

【忌み言葉】「重ね重ね」「度々」「返す返す」「くれぐれ」「ますます」などの重ね言葉は、使わないようにします。また、「死去」「死亡」など「死」という言葉は「ご逝去」と言い換えます。

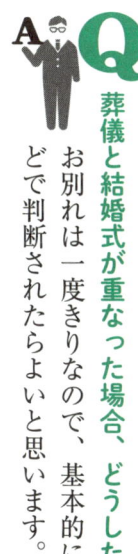

弔辞を依頼されたら

Q 弔辞を頼まれました。口下手ですが断れないですか？

A 弔辞は故人への哀悼の意と、ご遺族へのお悔やみの気持ちを伝える手紙です。依頼されたら、快く引き受けましょう。故人とご遺族への慰めとなります。

Q 弔辞では、何を話せばよいですか？

A 決まりはありませんが、あえて挙げるならポイントは次のような点になります。

①故人の死を悼み、惜しむ言葉で始める。
②故人の人柄がしのばれる逸話や私的な一面、業績などにふれる。
③残された者の決意、故人の冥福を祈る言葉、ご遺族への慰めや励ましで締めくくる。

三分以内くらいの内容にまとめるのが一般的です。また、他の人の弔辞との内容の重なりも気になるでしょうが、心からの言葉を述べれば、重複の心配は解消されます。

Q 弔辞を読むときの作法とは？

A ①ご遺族、参列者に一礼して祭壇前に進む。遺影に一礼する。
②弔辞を取り出す。上包みは左手で持ち、両手で文書を捧げ持つ。
③読んだ後は、元のように上包みで包み、祭壇に供える。遺影とご遺族に一礼して席に戻る。

弔辞は奉書紙や巻紙に書き、上包みで包むのが正式ですが、白い便せんを使ったり、パソコンで打った書面でも構いません。この場合、白い封筒に入れるとよいでしょう。

弔辞の包み方

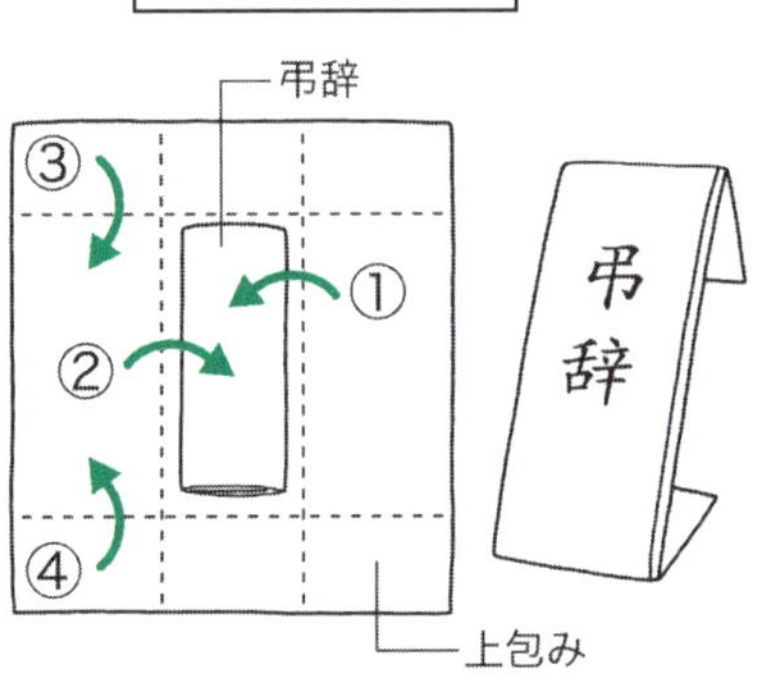

Q&A 世話役を依頼されたら

Q 世話役を引き受けなければなりませんか？

A 大切な人が亡くなり、ご遺族は深い悲しみの中にいます。しかし葬儀までの限られた時間内に、準備を進め、儀式を執り行わなければなりません。そんな中で、喪主と一緒に葬儀社や僧侶と打ち合わせをしたり、弔問客を接待するなどの雑用を担ったりします。お願いをされたら、積極的に協力をするようにしましょう。

Q 具体的にはどんなことをするのですか？

A 一般的なお葬式では、受付、会計の係をお願いされることが多いようです。また関係各所への連絡係などもあります。自宅葬や会葬者の多いお葬式では、斎場までの道案内や、接待係なども必要になります。接待係は、食事やお茶の支度を手伝いますので、かっぽう着やエプロンなどを持参しましょう。白か黒の地味なものを着用します。

Q 受付をするときの服装や言葉の注意点は？

A 特別な服装は必要なく、略礼服で問題ありません（131頁参照）。女性は、髪の毛が長い場合はまとめます。ご遺族の代役として受付に立つわけですから、会葬者には「ありがとうございます」とお声をかけ、お迎えします。ご遺族の一員として失礼がないよう、心配りをしましょう。

Q 会計をするときの注意点は？

A 大勢の弔問客が訪れる中でお金を扱うので、とにかく慎重に管理します。終了後は、集計した香典を、喪主に確実に手渡しします。喪主以外の人にはお金は渡しません。

Q&A 服装についてのエチケット

Q 喪服とは、どんな服のことですか？

A 喪服とは「喪に服する人が着るもの」で、本来は遺族が着る服でした。しかし現代は参列者も着るのがマナーとなっています。告別式では略礼服、通夜は平服でも構いません。
男性の中には、会社のロッカーに黒いジャケットとネクタイを備えておく人もいます。

Q 正礼装、略礼服、平服の違いは？

A **【正礼装】**……故人に近い立場の人が着るもので、男性はモーニング、女性は襟がつまった長袖のブラックフォーマル。また、男女ともに、和装は正礼装になります。
【略礼服】……一般の会葬者が着るもので、男性はブラックスーツ、女性は黒を基調としたワンピース、スーツです。
【平服】……礼服でなくてもよいという意味ですが、普段着ではありません。男性は黒、紺、グレーなどのジャケットやスーツ。女性はシンプルなスーツやブラウス、ワンピース、紺やグレーの無地なスカートが一般的です。カジュアルなものは避け、シックで清潔感のあるものを選びます。

Q 子どもは何を着ればいいですか？

A 制服があれば制服で。ない人は黒や紺のズボンやスカート、カーディガンなどのシックな服にします。

Q 神式、キリスト教式のお葬式では何を着ますか？

A 神式、キリスト教式ともに、仏式と同じで構いません。

Q 実際にどんな服を着たらよいですか？ また、その注意点は？

A

【男性】
・上下揃いの黒のスーツ、白のシャツに黒のネクタイ、黒の靴下と黒い靴。
・結婚指輪はＯＫですが、派手な時計は外します。

【女性】
・略礼服。
・スカートはひざ下のものを、ひざ上は避けます。
・レースは縁取りなど控えめなものならよいでしょう。
・刺繍も華美に見えないデザインであれば大丈夫です。
・袖のないのワンピース型喪服もありますが、肌の露出は避け、ジャケットやブラウスなどを合わせます。
・黒のストッキングを履き、タイツは避けます。
・靴はプレーンな黒い皮や布製のパンプスで、光沢や飾りのついたもの、ピンヒールやウエッジソールは避けます。
・バッグは光沢や飾りのないもので、革製品は避けます。
・ハンカチは白無地か黒のものを。
・手袋や傘などもなるべく地味な色で柄がないものを。
・アクセサリーはパール（あれば黒）程度にとどめます。
・結婚指輪は構いません。派手な時計は外しましょう。
・ヘアアクセサリーも地味な色とデザインにします。
・化粧は薄化粧にとどめ、香水はつけません。

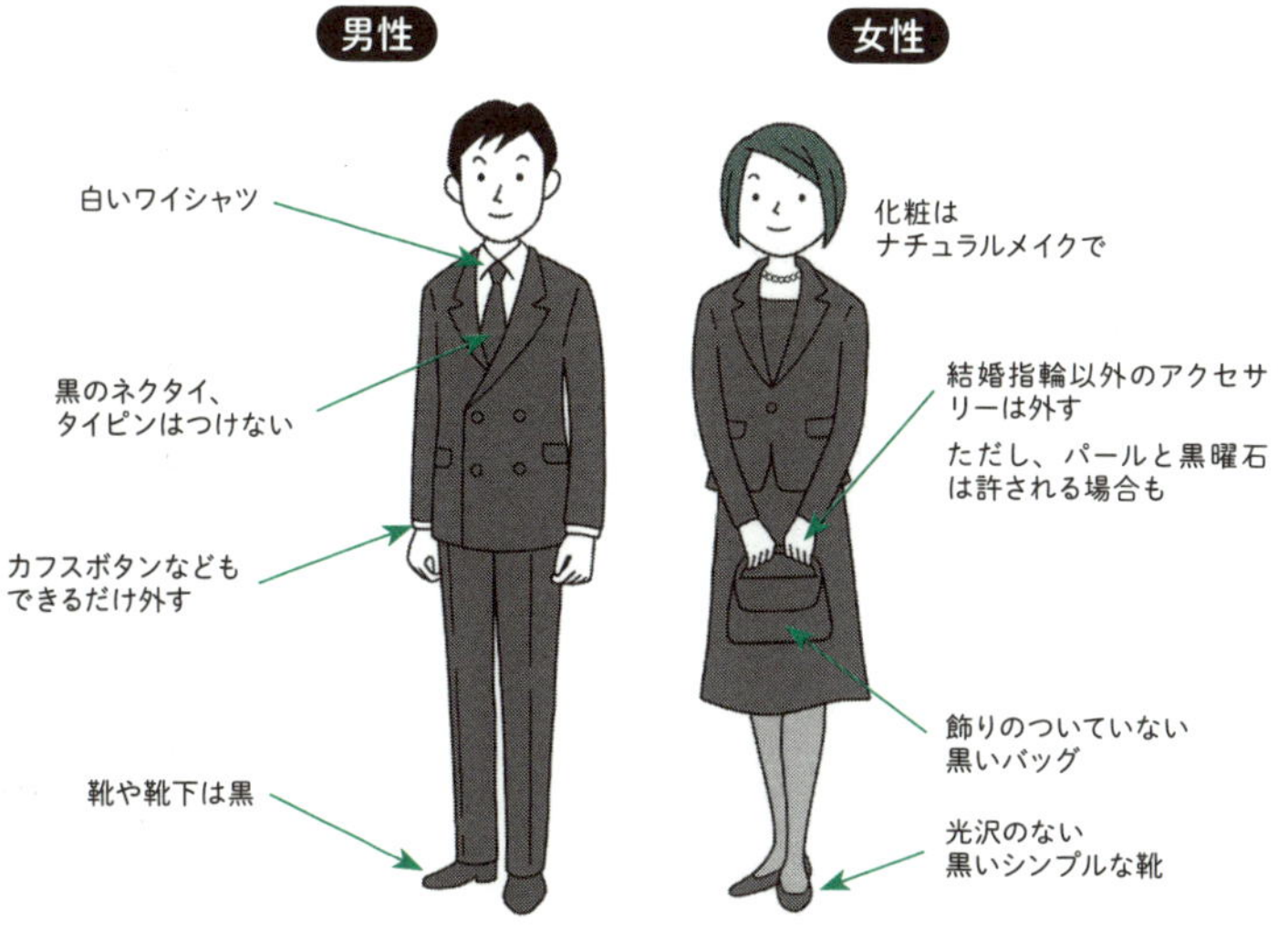
男性
女性
白いワイシャツ
黒のネクタイ、タイピンはつけない
カフスボタンなどもできるだけ外す
靴や靴下は黒
化粧はナチュラルメイクで
結婚指輪以外のアクセサリーは外す
ただし、パールと黒曜石は許される場合も
飾りのついていない黒いバッグ
光沢のない黒いシンプルな靴

通夜・葬儀に参列できない場合

通夜や葬儀の連絡があったら、何よりも優先して駆け付けたいところですが、遠方であるとか、体調がすぐれないなどの理由から、どうしても通夜、葬儀・告別式に参列できないこともあります。日を改めて弔問にうかがいたい。せめてお香典だけでもお送りしたい……そんなお声をよく耳にします。

ここでは、そのようなときのマナーなど、よくあるご質問にお答えいたします。

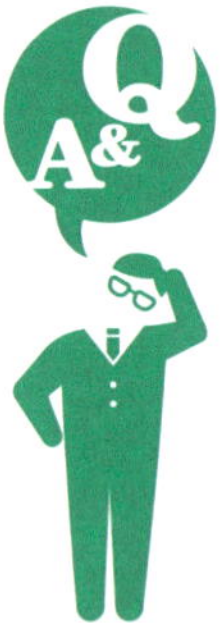

参列できないときにはどうする?

Q 遠方や止むを得ない事情で通夜やお葬式に行けないときは?

A やむを得ない事情で、参列できない場合、「弔意」を伝える方法として、弔電、香典、供物や供花などを送るとよいでしょう。

Q 通夜の当日に訃報を知りました。都合がつかず、参列できません。香典か供花を送りたいのですがよいですか?

A お葬式に間に合わないことは失礼にはあたりません。後日、ご自宅へ届くようにお悔やみの手紙を添えて送るとよいでしょう。

Q 遠い親戚が亡くなったことを葬儀後に知りました。家にお線香をあげに行っても大丈夫ですか？

A 一般的な習慣として、弔問におうかがいして構いませんが、事前にご連絡しておくのがマナーです。

Q 一年前に親戚が亡くなっていたことを最近知りました。御仏前を送りますが、返礼品をお断りしてもよいですか？

A 御仏前に添えるお悔やみ文の最後に、「わずかばかりでございますので、返礼などのお心遣いはご無用にてお願い申し上げます」と書き添えになられてはいかがでしょうか。

Q ご遺族に連絡を取りたいのですが、メールでも大丈夫でしょうか？

A 日頃からメールをやり取りしているようなご関係でしたらよいと思います。ただ、メールは確実に見ているとは限りません。また、すぐに返信をもらえない場合もあります。

Q&A 香典、供物、供花を贈る場合の作法は？

Q 香典は郵送してよいのですか？

A 香典は郵送などでもかまいません。郵送する場合は、不祝儀袋を書留封筒に入れ、現金書留で送ります。このとき、お悔やみの言葉や参列できないお詫びなどを書いた手紙を同封されるとよいでしょう。

Q 供物は、何を、どう贈ったらよいですか？

A 【仏式の場合】線香、菓子折り、果物、缶詰などが一般的です。弔事用の包装紙で包み、不祝儀の水引きをかけます。表書きは「御霊前」「御供物」。

【神式の場合】果物、和菓子、酒など。包みと表書きは仏式と同様です。

【キリスト教式】供物の習慣はないため、贈らないのが一般的です。

Q 供花は、どんな花を贈ったらよいですか？

A 【仏式の場合】斎場に贈る際は葬儀社に相談をします。ご自宅にお届けするなら、白菊、ユリ、カーネーション、胡蝶蘭などで、派手な色の花は避けますが、故人が生前にお好きだった花をお贈りしてもよいと思います。お葬式の後で贈る場合は、ご遺族の負担を考えて、飾りやすくアレンジしたものや、仏壇に飾るお花を贈るとよいでしょう。

【神式の場合】基本的には仏式と同様で、榊、あるいは白や淡い色の清楚な花を贈ります。

【キリスト教式】白い花を花束やアレンジメントにして贈ります。名札はつけず、カードなどを添えるのが一般的です。

Q 香典、供物を贈る際、ご遺族の名前がわからないときは？

A 故人のお名前の横に「ご遺族様」あるいは「ご家族様」と書いてはいかがでしょう。

Q&A

弔電を送るときのマナーは？

Q 弔電はどんなときに打ちますか？

A 事情があって通夜・葬儀に参列できないときに、弔電や電子郵便※で弔意を伝えます。葬儀・告別式の前日か、遅くとも当日の朝までに到着するよう手配します。

Q 弔電はどこで申し込めばいいですか？

A 電話かインターネットの電報サービスで申し込むことができます。電話での申し込み（ＮＴＴの場合）は１１５番へ。受付時間は八時～二十二時。十九時までに受付をすると当日の配達が可能になります。インターネットは二十四時間受付可能なので、急な事態にも安心です。電報サービスはＮＴＴ以外にも取り扱っている企業があります。インターネットなどで検索をされるとよいでしょう。

Q 弔電、電子郵便の文面はどうすればいいですか？

A 弔電の文面は定型のものが揃っていますので、それをご利用されるのもよいでしょう。また、電子郵便を利用する場合は、ご遺族を慰める言葉、故人の死を悼み、冥福を祈る言葉などを添えた文面を作成します。親しい間柄でも、言葉遣いは丁寧にしましょう。

Q 弔電の宛名や宛先はどうすればいいですか？

A 宛名は喪主の氏名にします。わからない場合は、「故○○様ご遺族様」とします。ご自宅か、お葬式当日なら斎場宛てに送ります。また送り主の氏名には、故人との関係がご遺族にわかるよう「○○会社○○部」「○○高校○○期卒」などと、肩書を添えるとよいでしょう。

※ 電子郵便：日本郵便では「Webレタックス」というサービスを提供しています。文字制限なしで24時間365日、webで簡単にメッセージを送ることができます。

お葬式の後に弔問するときは？

Q 亡くなったことを葬儀後に知りました。弔問にうかがうときは？

A 仏教であれば、四十九日忌までにうかがうとよいでしょう。お葬式後に故人の訃報を知り、参列できなかったことのお詫びをし、お線香をあげさせていただきましょう。

Q 弔問にうかがうときの服装は？

A 平服で構いません。ただし明るい色や派手な柄のものは避けます。もちろん、ブラックスーツなどの略礼服でも大丈夫です。

Q 弔問にうかがうときの香典の表書きは？

A 四十九日忌前までは「御霊前」、四十九日忌後は「御仏前」と書きます。浄土真宗ではどちらも「御仏前」です。

Q 弔問にうかがうときに、気を付けることはありますか？

A どんなに親しいご関係でも、突然弔問に行くのは避けましょう。必ず事前にお電話を入れて、相手さまのご都合をうかがうのがマナーです。うかがう際には、香典といっしょにお供えの品物を持参するとていねいです。

Q 葬儀を家族葬で行った方の、お別れ会に参列します。その際のお香典の表書きは？

A 御花料でよろしいと思います。

法要に招かれたらできるだけ出席する

遺族や親族が集まって故人を供養する法要。おもに、四十九日忌、一周忌、三回忌、七回忌と行われ、それ以降は遺族のみなど規模を小さくして行われることが多いようです。法要は、施主から案内を受けた人だけが参列するものですので、招かれたときにはできるだけ優先して出席するようにしましょう。

ここでは、その際に必要な、御仏前や御供物のこと、また、お盆のお参りにうかがうときのマナーについても、合わせてご紹介します。

法要に招かれたら？

Q 法要に招かれましたが、出席しないといけませんか？

A 法要は仏様を供養する大切な行事です。招かれたら都合をつけ、出席するのが礼儀です。やむを得ず欠席する場合は、お詫びの手紙と共に御仏前や御供物を贈るとよいでしょう。

Q 法要の案内はがきへの返信はどうしますか？

A 返信はがきの余白には、「御供養させていただきます」などとひと言添え、早めに投函します。さらに電話で招かれた御礼を述べてもよいでしょう。

Q 法要と友人の結婚式が重なったら？

A 一般的に仏事を優先させますが、故人との関係によります。結婚式を優先するなら、丁重に欠席のお詫びをし、御仏前や御供物を贈ったり、事前にお参りにうかがうなどの配慮を。

Q 法要の案内がないときに、こちらから聞くのは失礼ですか？

A 身内だけで法要を行うこともありますので、案内が来ないなら尋ねないほうがよいです。

Q 夫婦連名で招待されました。子どもも連れて行ってよいですか？

A 親戚や個人と深い関係なら、お子様も参列されてよいと思います。ただし事前に施主に確認して了承をもらい、参列する場合は食事も供されるので、その分御仏前を多くお包みします。

Q 法要にはどんな服装で行けばいいですか？

A 三回忌までは喪服、七回忌以降は平服のことが多いようです。事前に施主に確認し、それに準じた服装にすれば間違いないでしょう。ちなみに、法要の平服は、男性はダークスーツ、女性はシックな色のスーツやワンピース、ブラウス、スカートになります。

Q&A

法要の御仏前や御供物はどうする？

Q 友人の法要へお供え物を贈り続けています。今回の七回忌で最後にしてよいですか？

A じっさいには施主様も、年忌を重ねるうちに、身内だけで法要を行うようになることが多くあります。施主やご遺族との関係を続けていくならば、お供物を贈り続けるのもよいですが、自然にやめていくことも手段のひとつです。

Q 法要に参加するとき、御仏前にはいくら包みますか？

A 法要の形態や故人との関係によって違いますが、目安としては、一人一万～二万円程度をお包みします。また夫婦ふたりの場合は、二万～三万円程度お包みします。

Q 御仏前のほかに御供物も持っていきますか？

A 決まりはありません。「お供え」としてお菓子やお線香などを添えるとていねいです。

Q 欠席する場合は、御仏前はいくら包みますか？

A 一万円くらいが多いようです。法要の前に届くように送ります。御供物や供花を一緒に贈るとていねいです。ほかにも参列しない親族がいれば「親戚一同」として贈るのもよいでしょう。

Q「手ぶらでお越しください」とありましたが、本当に何も持参しなくてよいですか？

A 食事や引き物などを施主が用意されていることも考えられます。菓子折りなどの御供物をお持ちしてもよいでしょう。

Q 自分は親族のひとりなのですが、法要の費用を負担したほうがよいですか？

A 本来は施主が法要を執り行い、費用も負担します。ただし供養は心の問題ですから、決まりはありません。御仏前にお金を包むのは、実質的に費用を分担することにもなります。

お盆のお供えとお参りは？

Q 新盆には、どんなお供え物を贈るのですか？

A この一年に亡くなった方がいるお宅へは盆提灯を贈る習慣があります。ただ、現代では住宅事情もあり、盆提灯ではなく、御仏前や、お菓子などの御供物を贈る方も増えています。

Q 親の新盆に実家に行く場合、どのくらい包むものですか？

A 親戚間の習慣などで金額は異なりますが、新盆法要の後、会食が用意されているようなら、一人一万～二万円が一般的なようです。表書きは「御仏前」や「御提灯料」とします。

Q 新盆の親戚へは何を贈ればよいですか？

A 提灯、御仏前、お供え物などです。御仏前の金額は五〇〇〇～一万円が一般的です。

Q 提灯はどんなタイミングで送りますか？

A 先方の準備もあるため早めに送ります。遅くてもお盆の二週間前には届くように手配しましょう。絵柄入りの提灯が一般的です。

Q 親戚ではない故人宅へうかがっても良いのですか？

A お参りに行くのは問題ありません。事前に連絡を入れてからお出かけしましょう。

参列者のための表書き一覧

	仏式	神式	キリスト教式
葬儀	「御霊前」（浄土真宗は「御仏前」）、「御香料」「御香典」	「御霊前」「御玉串料」「御榊料」「御神前」	「御霊前」「御花料」
法事	「御仏前」	「御玉串料」「御榊料」「御神前」	「御花料」
供物	「御供」「御供物」	「御供」	「御供」

※神式、キリスト教式の場合、蓮の花の印刷や型押しされた袋は使いません。

た行

な行

は行

索引

安心して故人を見送るために

本書のはじめに「いちばん大切なのは故人を思う気持ち」と述べました。これは、仏事に関する絶対的な真実であり、この考え方に沿ってさえいれば、大きな失敗をすることはないと思っています。

けれど仏事というものは、古くからの慣習やしきたり、伝統に守られてきた部分もあり、人によってはそうした伝統をとても大事にしていることもあります。

例えば、「葬儀から帰ったあと、塩で清めるのを忘れてしまったのですが……」と、気にされる方がいらっしゃいます。

本来清めの塩は、死を穢れとする神道の考えからきたものですので、死を穢れとしない仏教には不要のものです。じっさい、最近の仏式の葬儀では、清めの塩を使わないケースも見られるようになりました。しかし、昔からの慣習として清めの塩を使用してきた方たちにとっては、お清めを行わないことが不安でならないのでしょう。

このようなときには、正しい知識も織り交ぜながら、

「本来仏教では清めの塩は使いませんので、ご心配ありません。でも、気になるようでしたら、今からお清めをなさってもよろしいと思います」

などとお答えすることで、安心していただけます。

つまり、心穏やかに故人を送り、ご供養するには、故人を思う気持ちと、それからほんの少しの正しい知識、古くからのしきたりや慣習などを知っておくことも必要なのだと思

うのです。

困ったときに本書を開く。読んで納得し、安心する。皆さまにとって、そんな一冊になれば、これ以上にうれしいことはありません。

＊　＊

大野屋テレホンセンター（フリーダイヤル0120-02-8888）には、毎日、仏事のマナーやしきたり、お墓、お仏壇に関すること、寺院との付き合い方など、さまざまなご相談が寄せられます。その数は、一九九五年の開設以来、のべ三十万件を超えました。

これらのご相談に対し、当社がサービスを通して蓄積した情報と幅広い知識をもとに、相談者お一人お一人の事情や相談内容に合わせて、専門の相談員がていねいにお答えしています。ご相談は年中無休・無料にて受け付けております。どんなことでもお気軽にご相談ください。

また、仏事の情報提供を目的として、小平、横浜、千葉に、「大野屋メモリアル相談センター」を開設しています（二〇一八年六月現在）。お葬式セミナーや終活セミナー、人形供養祭などの企画を用意している営業所もございますので、ぜひご活用ください。

大野屋テレホンセンター

もう悩《なや》まない！
葬儀《そうぎ》・仏事《ぶつじ》・お墓《はか》　ズバリ！ 解決《かいけつ》アンサー

著者　大野屋テレホンセンター

発行　株式会社 二見書房
東京都千代田区神田三崎町2-18-11
電話 03(3515)2311[営業]
03(3515)2313[編集]
振替00170-4-2639

印刷　株式会社堀内印刷所

製本　株式会社村上製本所

落丁・乱丁がありました場合は、おとりかえします。
定価はカバーに表示してあります。

ISBN978-4-576-18098-4
http://www.futami.co.jp